Veröffentlichungen des
Landschaftsverbandes Hildesheim e. V.
Schriftleitung: Ignaz Jung-Lundberg

Band 3

Bernhard Gallistl
Die Bernwardsäule und die Michaeliskirche
zu Hildesheim

BERNHARD GALLISTL

Die Bernwardsäule und die Michaeliskirche zu Hildesheim

Mit 42 Fotos von Johannes Scholz
und fünf Zeichnungen von
Alberto Carpiceci

Georg Olms Verlag
Hildesheim · Zürich · New York
1993

"… adiutorium secundum illum est et columna ut requies"
(Sir 36,26)

Autor und Verlag danken den folgenden Institutionen, deren Förderung das Erscheinen des Buches ermöglichte:

Landschaftsverband Hildesheim e. V.
Friedrich Weinhagen Stiftung, Hildesheim
Evangelisch-lutherische Landeskirche Hannovers
Niedersächsische Sparkassenstiftung
Niedersächsischer Fußball-Toto und
Niedersächsisches Zahlenlotto GmbH

© 1993 by Georg Olms Verlag AG, Hildesheim
Alle Rechte vorbehalten
Printed in Germany
Gedruckt auf säurefreiem Papier
Lektorat: Peter Guyot
Layout: Andreas Brylka
Lithographien: H + L Reproservice GmbH
Satz: O&S Satzteam, Hildesheim
Druck: Interdruck Leipzig GmbH
Umschlagentwurf: Andreas Brylka unter Verwendung einer Zeichnung von A. Carpiceci
ISBN 3-487-09755-9

Inhalt

7 Vorwort von D. Horst Hirschler
9 Grußwort von Dr. Josef Homeyer

11 EINLEITUNG
Bernward – Leben und Kunst

25 Die Michaeliskirche
25 *Bernwards Stiftung*
27 *Die Kreuzaltaranlage*

37 Die Christussäule
37 *Das Schicksal der Christussäule*
43 *Das Reliefband*

46 Die einzelnen Szenen des Reliefbandes

89 Die Urgestalt der Säule
95 *Eine Replik des bernwardinischen Bronzekapitells in St. Godehard?*
97 *Die Geburt Jesu*
102 *Die Darstellung Jesu im Tempel*
104 *Das Verhör Jesu*
106 *Das Bildprogramm der Christussäule*

109 Die ottonische Reichsidee:
ein ikonographisches Leitmotiv der Michaelisstiftung
109 *Kaisertum und Romgedanke*
113 *Jerusalemzitate*
120 *Römische Reminiszenzen*
130 *Schlußbetrachtung*

134 Bibliographie

135 Bildnachweis

Vorwort

Bernhard Gallistl führt uns in umfassender und kundiger Weise in das Leben und Schaffen des großen Hildesheimer Bischofs ein und gibt damit einen soliden Hintergrund für das Verständnis dieses Bernward-Jahres.

In den Jahren nach dem Kriege habe ich mich mit vielen anderen aus der evangelischen Jugend und der Kirchengemeinde daran beteiligt, die Michaeliskirche von den Trümmern zu befreien. Wir haben das Neuentstehen der Kirche in ihrer ursprünglichen Gestalt mit Begeisterung begleitet. Immer wieder hat es mich fasziniert, in welcher Weise in dieser im Jahre 1010 gegründeten und kurz vor Bernwards Tod geweihten Kirche die Symbolsprache des Glaubens durch die Architektur ausgedrückt wird. Immer wieder taucht in den Maßen die Zahl 3 und die Zahl 9 auf, die Zahlen der Trinität und der himmlischen Engelchöre. Man muß sich daneben die niedrigen Häuser der Stadt vorstellen, um zu begreifen, daß hier in diesem aus der Zahlensymbolik und der Form des Doppelkreuzes entwickelten Gotteshaus versucht wurde, ein Stück des Himmels auf die Erde zu holen. Zusammen mit dem möglichst fehlerlosen Gesang der Mönche ergab das so etwas wie einen Vorgeschmack des Himmels.

Aber diese Wirklichkeit des Göttlichen ließ sich nicht nur in solch symbolischer Formensprache ausdrücken. Das göttliche Wort war selbst Fleisch geworden. In seinen monumentalen Bronzegüssen der Bernwardtüren und der in diesem Buch besonders dargestellten Bernwardsäule zeigt Bernward in einer Art Biblia pauperum die Heilsgeschichte der Anwesenheit Gottes in Christus unter den Menschen. Es ist bewegend, diese einfachen und doch gleichzeitig in ihrer Darstellung tiefgründigen und eindrucksvoll sprechenden Bilder zu betrachten. Eine biblische Erzählung nach der anderen entfaltet sich vor unseren Augen. Das sind damals Bilder für Kundige und Unkundige, Bilder zum Nachfragen gewesen. Sie mußten erzählt werden, damit man sie in ihrer Tragweite begriff.

Wir werden im Bernward-Jahr erleben, daß Kinder, Jugendliche und Erwachsene vor diesen Bronzereliefs stehen werden und entweder stumm bleiben und nichts verstehen oder nachfragen. Das Beste, was geschehen könnte, wäre, daß Menschen durch diese Szenen zum Nachlesen in der Bibel getrieben würden und Lust bekämen, Text und Darstellung zu vergleichen. Manche prägen sich unmittelbar ein und können als Bilder der Seele oder als Rettungsanker im Alltag wirksam werden, wenn man etwa die Rettung des sinkenden Petrus sieht und weiß: Als er auf Christus schaute, konnte er über dem Element des Schreckens gehen. Als er aber den Wind und die Wellen sah, da packte ihn die Angst, und die Wogen des Schreckens drohten über ihm zusammenzuschlagen. Er tat, was Christenmenschen in solcher Situation tun. Er rief: Herr, rette mich! Und die Darstellung zeigt ihn in neuer Zuversicht.

Das sind Sinnbilder für unseren Alltag.

Wir sind in diesen Jahren durch alle Konfessionen hindurch darauf aus, daß die Bibel unter uns als Kraftquelle neu wirksam wird. Die Bernwardsäule ist in ihrer hinreißenden Anschaulichkeit eine archaische und uns gleichzeitig deshalb vielleicht besonders nahe Hilfe zu innerer Stabilität und neuer Nachdenklichkeit.

Es ist zu wünschen, daß dieses Buch von vielen gelesen wird, so daß das gemeinsame Erbe aller christlichen Konfessionen, zu dem auch der Bischof Bernward gehört, fruchtbar werden kann.

D. Horst Hirschler
Landesbischof
der Evangelisch-lutherischen
Landeskirche Hannovers

Grußwort

„Ich, Bernward, durch Gottes Erwählung, nicht aus eigenem Verdienst Bischof, habe lange darüber nachgedacht, durch welche Baukunst der Verdienste ... ich mir den Himmel verdienen könne."

„Baukunst" nannte Bernward von Hildesheim den menschlichen Dienst an der Vollendung des großen Schöpfungswerkes, das von Christus ausgegangen ist und zu Christus hinstrebt (vgl. Kol 1,16). Bernward erfuhr von Gott den persönlichen Anruf, an der himmlischen Stadt mitzubauen, in der die Menschen zu Mitbürgern der Engel werden sollen. Mit der Michaeliskirche hat er uns ein sichtbares Abbild dieser Engelsstadt geschenkt.

Leider ist ein Jahrtausend menschlicher Geschichte nicht ohne Zerstörungen und Verfremdungen über dieses irdische Ergebnis bernwardinischer Baukunst hinweggezogen. Hier leistet das vorliegende Buch Hilfe. Der ursprüngliche Kunstbestand wird mit Scharfsinn erschlossen und in der Rekonstruktion wiederhergestellt: der Aufbau der Christussäule Bernwards und das Gesicht des Ostchors, in dessen Mitte sie stand.

Der hl. Augustinus hatte mit seinem vielgelesenen Buch „de civitate Dei" bei Menschen des Mittelalters in politischer Hinsicht den Wunsch erweckt, ein Abbild des himmlischen Gemeinwesens auf Erden zu verwirklichen. Das offizielle Kernwort lautete „renovatio imperii Romanorum", „Erneuerung des Römerreiches". Zum konkreten Programm erhoben wurde diese Utopie gerade durch Otto III., den einstigen Zögling Bernwards.

Unser Mitarbeiter in der Dombibliothek Bernhard Gallistl hat seine Methode, analytisch und synthetisch gleichermaßen zu operieren, bereits in seiner Untersuchung der Bernwardstür und zahlreichen anderen Schriften unter Beweis gestellt. Im vorliegenden Werk erarbeitet er das Resultat, daß Bernward über seinen kaiserlichen Schüler an der weltbewegenden geistigen Gestalt des Sacrum Romanum Imperium mitgewirkt hat.

Damit kann deutlich werden, daß sich die diesjährige Feier des Bernward-Jubiläums nicht auf Hildesheim eingrenzen läßt. Sie stellt vielmehr eine Persönlichkeit ins Licht, für deren Kunstschaffen und die darunter liegende ekklesiologische Auffassung sich jedermann interessieren darf. Der Gedanke der „renovatio", der die damaligen Politiker begeisterte und der von Bernward auf eine spirituelle Ebene gehoben wurde – anders wäre seine Kunst nicht verständlich –, soll nicht Geschichte bleiben, die nun schon 1000 Jahre zurückliegt. Dieses Jubiläum bringt uns wieder eine „renovatio mundi" in den Blick, die erst dann gelingen kann, wenn viele ihren Beitrag zum großen Bauwerk Gottes geben. Diese Erneuerung der Welt von innen nach außen ist unsere Verantwortung und unsere Chance.

Dr. Josef Homeyer
Bischof von Hildesheim

*Michaeliskirche, Außenansicht von Südosten.
Nach dem Wiederaufbau*

*Rechts: Michaeliskirche, Innenansicht nach Osten.
Nach dem Wiederaufbau*

EINLEITUNG

Bernward – Leben und Kunst

Bernward, in der Zeit der ersten Jahrtausendwende (993–1022) Bischof von Hildesheim, erlangte seine Berühmtheit durch die Kunstwerke, die er angeregt hat. Mehr noch: unter seiner Ägide entfalteten sich Kunst und Handwerk zu einer Blüte, in der Hildesheim für wenige Jahre mit dem Glanz der großen Metropolen wetteifern konnte. Das heißt nicht, daß wir hier unbedingt weltstädtisch-höfische Geschliffenheit und Formvollkommenheit suchen müssen. So wirken die Miniaturen der Handschriften, die Bernward anfertigen ließ, sogar eher provinziell. Gerade auf dem Grunde einer gewissen Schwere aber gelangen Tiefsinn und Außergewöhnlichkeit dieser Malerei besonders eindrucksvoll zum Vorschein. Dies gilt vor allem für das reichste seiner Manuskripte, das sogenannte „Kostbare Evangeliar", in dem Szenen – auf einer Buchseite je zwei untereinander – aus dem Evangelium abgebildet sind, und das am Beginn ein Widmungsbild trägt, auf dem wir den Bischof selbst sehen, wie er der Gottesmutter das Buch überreicht (Abb. S. 127).

Für seine plastischen Werke aber läßt sich jedenfalls sagen, daß Bernward dort künstlerisch und technisch neue Wege beschritten hat. Seine „Goldene Madonna" – mit Goldbeschlag auf einem Holzkern getrieben – und der hölzerne Kruzifixus von Ringelheim gehören zu den frühesten monumentalen Vollskulpturen des Mittelalters. Beide, der Gekreuzigte und die Gottesmutter sind auch sonst die Lieblingsthemen Bernwards.

Die hohe technische Fertigkeit der Werkmeister des Bischofs entfaltete sich aber im Metallguß. Schon die kleineren Arbeiten: ein silberner und bronzener Kruzifixus, ein Paar Silberleuchter und die silberne Krümme vom Stab des Erkanbald – eines Verwandten Bernwards, der Abt von Fulda war und dann Mainzer Erzbischof wurde – tun sich da durch ihren Reichtum an Figuren und Ornamenten hervor, aber auch durch ihre Künstlichkeit: die silbernen Stücke waren in einer antiken Technik teilvergoldet. Die beiden monumentalen Bronzewerke aber, die Paradiestür am Dom und die Christussäule, setzen eine Kenntnis der Metallgießerei voraus, die damals über alles Gewohnte hinausging und auch später nicht mehr erreicht wurde. Die Technik selbst bestand im bekannten Wachsausschmelzverfahren, bei dem das Modell auf einem Tonkern aus Wachs gebildet und mit Lehm bedeckt wurde: das flüssige Metall floß dann zwischen Mantel und Kern an die Stelle des Wachsgebildes ein; nach dem Erkalten wurde die gebrannte Erdform schließlich abgeschlagen (sog. „Guß der verlorenen Form").

Bedenken wir schon allein, daß die Dämpfe der brodelnden Metallspeise ihren Ausgang finden mußten – zu diesem Zwecke wurden in den Lehmmantel neben den Eingußkanälen auch sogenannte Windpfeifen oder Steiger eingelassen –, so können wir uns kaum vorstellen, wie diese beiden Kunstwerke in ihren Riesenmaßen und mit ihrer Figurenfülle überhaupt gelingen konnten. So ist die Bronzetür (Abb. S. 98) mit dem Gesamtmaß von 472 x 227 cm und ihren 16 Relieffeldern, bei denen sich die Figuren beinahe vollplastisch herausneigen, in ihren beiden Türflügeln – sogar die Löwenköpfe der Türzieher einbegriffen – je aus einem einzigen Stück gegossen. Mehr noch aber müssen wir vielleicht den

Schaft der Christussäule mit seinen 24 Reliefbildern bewundern, mußte doch die zylindrische Säulenform – innen ist er hohl – besondere Schwierigkeiten mit sich bringen.

Wir dürfen hier fragen, wie diese unerwartet reiche und hohe Kunst möglich war, und wo der Hinter- und Beweggrund so großartigen Schaffens zu suchen ist. Eine der Voraussetzungen war sicherlich, daß Hildesheim mitten im Stammland des damaligen Kaiserhauses lag. Die eigentliche Strahlkraft aber kommt aus der Persönlichkeit Bernwards. Sie hat allen diesen Kunstwerken einen unverwechselbaren Charakter aufgeprägt, so daß wir mit vollem Recht von der „bernwardinischen Kunst" sprechen. Diese Persönlichkeit aber ist in ihrer Entwicklung wiederum eng an das ottonische Herrscherhaus gebunden. Das meiste über Bernward wissen wir aus seiner Lebensbeschreibung, die Thangmar, Domdechant und früherer Lehrer Bernwards, verfaßt haben soll, wobei wir allerdings nicht einmal gewiß sein können, wieweit ihr heutiger Wortlaut tatsächlich noch auf Zeugen der Zeit selbst zurückgeht und wieviel davon auf das Konto eines späteren kommt, der Zeugnisse der Lebensgenossen Bernwards eineinhalb Jahrhunderte danach zu einer Heiligengeschichte zusammenfaßte[1], als der Bischof kanonisiert wurde.

Bernward wurde um 960 als Sohn des Grafen Dietrich und der Friderun, einer Tochter des Pfalzgrafen Athelbero geboren. Durch seine Stiefgroßmutter – Athelbero hatte in zweiter Ehe eine Nichte Ottos des Großen geheiratet – war er mit den Ottonen verwandt. Auch andere Verwandte zeigen, wie einflußreich die Familie gewesen sein muß: zu ihr zählen die Vorgänger Bernwards im Bischofsamt Osdag und Gerdag, ferner die Bischöfe Ulrich von Augsburg (ebenfalls heiliggesprochen) und Meinwerk von Paderborn.

Bestimmend für Bernwards Werdegang wurde Folkmar, der Bruder seiner Mutter, der vom Hildesheimer Domherrn zum Kanzler Ottos II. und Bischof von Utrecht aufstieg. Folkmars Verdienst war es nicht nur, daß der Knabe Bernward in die bedeutende Hildesheimer Domschule aufgenommen wurde, sondern auch, daß der etwa Fünfzehnjährige dann an den Hof Ottos II. und seiner Gemahlin Theophano gelangte und einige Jahre darauf von Erzbischof Willigis von Mainz, dem Erzkanzler des Reiches, zum Priester geweiht wurde.

Wir dürfen annehmen, daß schon der junge Mann durch ungewöhnlichen Kenntnisreichtum auffiel; denn nicht nur, daß er als „Primiscrinius" ein hohes Amt in der Hofkanzlei bekleidete: Theophano selbst, die nach dem Tod ihres Gemahls Otto II. das Reich regierte, ernannte im Jahr 987 Bernward zum Lehrer ihres siebenjährigen Sohnes Otto. Noch über Theophanos Tod (25. Juni 991) hinaus widmete er sich dann dem noch unmündigen König solange, bis er selbst nach Hildesheim berufen und dort am 15. Januar 993 zum Bischof geweiht wurde.

Das Lehrerverhältnis zu dem königlichen Knaben währte nicht allein länger als fünf Jahre, es war auch eng und herzlich. Otto habe nach dem Verlust der Mutter „seinen Lehrer mit besonderer Freundschaft umarmt", schreibt der Biograph.

---

[1] Die neuere Forschung legt die Endfassung der Vita Bernwardi, wie sie im Hannoveraner Codex regius überliefert ist, erst in die 2. Hälfte des 12. Jahrhunderts und bringt sie in Zusammenhang mit dem Heiligsprechungsprozeß Bernwards (der sich etappenweise von 1150 bis 1194 hinzog). Als originale Bestandteile aus der Zeit Bernwards selbst gelten die Kapitel, die sich auf den Streit mit dem Erzbistum Mainz um die Bischofsrechte am Stift Gandersheim beziehen und die auch in einer selbstständigen Form überliefert sind (im heute nicht mehr vorhandenen Dresdner Codex). K. Görich und H.-H. Kortüm, denen die jüngste Behandlung der Vita Bernwardi zu verdanken ist (Otto III., Thangmar und die Vita Bernwardi. In: Mitteilungen des Instituts für österreichische Geschichtsforschung 98. 1990. S. 1–57), bezweifeln generell den historischen Wert der Textteile, die sich nicht auf Gandersheim beziehen. Insbesondere bestreiten sie die Authentizität des Berichts vom römischen Aufstand. Nach Görichs und Kortüms Meinung wurde dieser Bericht größtenteils vom Endverfasser erfunden, der daran die heiligmäßige Wirksamkeit von Bernwards Gebet augenfällig habe machen wollen. Unsere folgenden Beobachtungen werden aber erweisen, daß der Biograph an dieser Stelle das individuelle Renovatio-Konzept Ottos III. wiedergibt (gerade in den von Görich und Kortüm aufgefundenen Jesaia-Zitaten 3,16; 28,23; 34,1; 42,23; 29,15 in der Kaiserrede, aus denen deutlich eine Gleichsetzung des aufständischen Rom mit dem abtrünnigen Israel spricht) und daß ihm auch genaue Details vorliegen, wie die damalige Gegenwart der Heiligen Lanze in Rom (vgl. Anm. 2). Der Rombericht der Vita Bernwardi dürfte vermutlich vielmehr auf einen zwar tendenziösen, aber originalen Bericht eines Zeitgenossen der Ereignisse zurückgehen. Weder die ausführliche Kaiserrede, noch die Notiz von den mißhandelten beiden Rädelsführern vermögen ja die Heiligkeit Bernwards in besonderer Weise zu heben, so daß ein hagiographischer Beweggrund für eine spätere Erfindung eigentlich auch nicht ersichtlich wäre. Die Dokumentation des Gandersheimer Streites war wohl nur einer von mehreren originalen Texten, die der Verfasser des 12. Jahrhunderts auf kompilatorische Weise zusammenstellte, um auf diese Art ein Lebensbild des Heiligen zu gewinnen, das er durch legendäre Überlieferungen und durch hagiographische Formeln zu einer Einheit verbinden konnte. So sind in der Vita auch die Schenkungsurkunde für die Michaelisstiftung vom 1. Nov. 1019 sowie die Inschriften am Grab Bernwards wörtlich zitiert. Bei der Schenkungsurkunde ist die Echtheit stellenweise zwar bezweifelt worden. Dennoch spricht darin schon allein das am meisten beanstandete „Bennopolis" für Hildesheim mit seiner Byzantinisierungstendenz gerade dafür, daß die Urkunde tatsächlich in ottonischer Zeit verfaßt worden ist (vergleichbar ist das unter Otto II. aufgekommene „Parthenopolis" für Magdeburg als das zweite Konstantinopel sowie auch schon früher „Carlopolis" für Compiègne MGH SS 15,1. S. 271).

Daß das Denken des späteren Kaisers, der nicht älter als 22 Jahre werden sollte, ganz wesentlich durch seinen Erzieher Bernward geprägt worden ist, dürfen wir demnach als eigentlich sicher annehmen. Otto III. ist ja in der deutschen Kaisergeschichte der große Utopist, der den Traum Karls des Großen von der „renovatio imperii Romanorum", einer „Erneuerung des Römerreiches", wörtlich in die Wirklichkeit umsetzen wollte. Einen Anteil Bernwards an den politischen Gedanken seines Schülers hat man bislang dennoch gar nicht in Erwägung gezogen – man erinnerte da allenfalls an den hochgelehrten Gerbert von Aurillac, den der junge Herrscher zu seinem Berater machte und später zum Papst – Sylvester II. – erhob. Das letzte Kapitel dieses Buches wird zeigen, daß die bernwardinischen Kunstwerke in mehrfacher Hinsicht als symbolischer Ausdruck der ottonischen Reichsidee verstanden werden können. Aber schon die Lebensbeschreibung bietet uns da bei näherem Hinsehen einen wichtigen Anhaltspunkt, wo sie berichtet, daß sich Bernward am 4. Januar 1001 in Rom einfindet und dort seinem Kaiser und ehemaligen Zögling

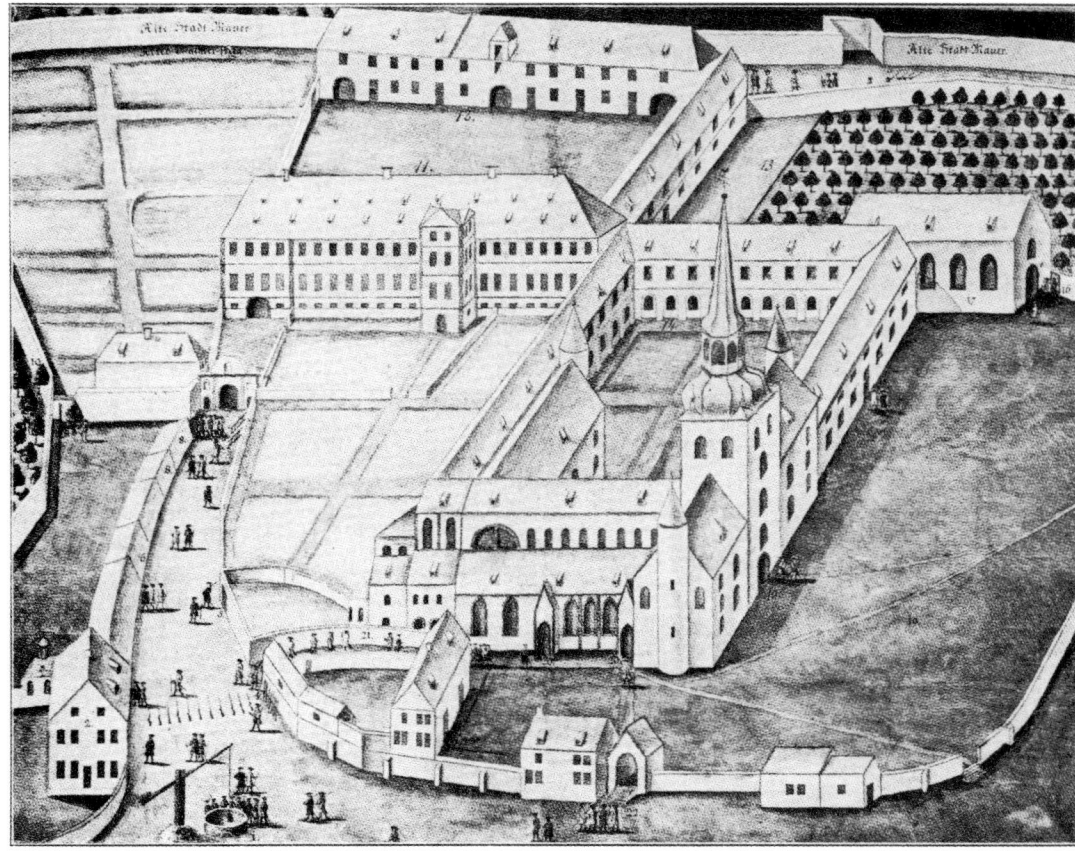

Michaeliskloster 1729. Ostapsiden und westliches Querhaus wurden im 17. Jh. niedergelegt, die Ostvierung zu einem hohen Turm erhoben. An der nordöstlichen Ecke des Kreuzgangs stand damals noch die Kreuz- oder Lambertikapelle (mit ihren östlichen Erweiterungen von 1470 und 1514/16).

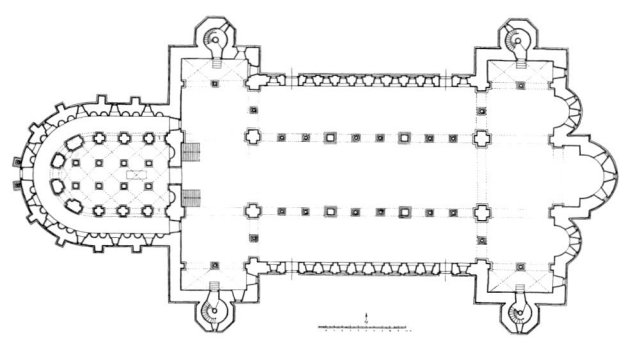

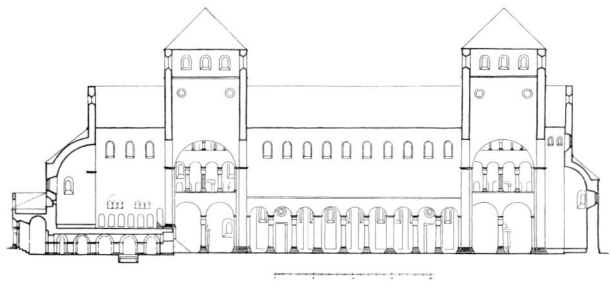

Michaeliskirche, Grund- und Aufriß des bernwardinischen Baus von 1022. Rekonstruktion von H. Beseler

gegen die aufständischen Stadtparteien tatkräftig zur Seite steht. Der Biograph zielt dabei in der Hauptsache auf den Erfolg ab, den Bernward dort bei Papst und Kaiser im Konflikt mit Erzbischof Willigis um das Stift Gandersheim erzielen konnte. Wir müssen dabei aber einrechnen, daß der Hergang dieses Streites auch sonst zum Hauptinhalt der Lebensbeschreibung gehört. Dennoch läßt sich der Schilderung entnehmen, daß Bernward damals mindestens in gleichem Maße beabsichtigte, dem Kaiser zur Hilfe zu kommen, der seine endgültige Herrschaft über Rom zu behaupten hoffte:

In diesen Tagen belagerte der Kaiser die Stadt Tivoli… Aber obwohl man die Bürger in große Bedrängnis brachte, vermochte man sie doch nicht zur Übergabe zu zwingen. Daher rief man den Kaiser. Dieser erschien unverzüglich zusammen mit dem Papst (Silvester II.) und dem ehrwürdigen Bischof Bernward… Darauf nahm der Kaiser den Bischof Bernward beiseite und fragte ihn, was er tun solle. Es koste ihn die größte Überwindung, ein Unternehmen, das er einmal begonnen habe, schimpflich wieder abzubrechen. Darauf gab ihm Bernward zur Antwort: „Nein, mein geliebter Herr, das dürft ihr euch nicht antun, ihr, den ich mehr liebe als mein eigenes Leben! Erteilt sogleich Befehl, die Stadt noch fester einzuschließen! Denn obwohl ich mich nach meiner Rückkehr in die Heimat sehne, so will ich doch nicht eher von euch weichen, als bis ich durch Gottes Gnade die Stadt und ihre Bewohner zu euren Füßen liegen sehe." Der Kaiser dankte freudig seinem geliebten Lehrer, verschärfte die Blockade, wies die Soldaten zur Eroberung an und verbot durch kaiserliches Machtwort, daß irgendeiner die Stadt betreten oder verlassen dürfe. Einige Tage später zeigten sich der Herr Bernward und der Papst vor den Toren der Stadt. Die Bürger nahmen die Diener Gottes bei ihrem Herannahen voll Freude in Empfang und führten sie ehrenvoll in ihre Stadt. Jene aber gaben nicht eher nach, als bis sie mit Gottes Hilfe alle zur friedlichen Unterwerfung unter das Gebot des Kaisers gebracht hatten…

Nun aber verschlossen die Römer, unwillig, daß sich der Kaiser mit den Einwohnern Tivolis versöhnt hatte, die Tore ihrer Stadt und versperrten die Wege. Man erlaubte nicht, nach Belieben ein- und auszugehen; auch die freie Ein- und Ausfuhr der Waren wurde untersagt. Einige von den Freunden des Kaisers wurden sogar schmählich ermordet. Die Insassen des kaiserlichen Palastes aber ließen sich von Bischof Bernward heilsam unterweisen, reinigten sich durch die Beichte und stärkten sich während der Feier der heiligen Messe mit der heiligen Wegzehrung. So rüsteten sie sich zum Ausfall und tapferen Angriff auf die Feinde. Bischof Bernward ergriff die Heilige Lanze, bezeichnete sich und alle andern mit dem schützenden Zeichen des lebenspendenden Kreuzes und erteilte feierlich den Segen. Während er den andern Mut und Kraft zusprach, rüstete er sich selber, um als Bannerträger mit der Heiligen Lanze an der Spitze der Streitmacht auszubrechen. Am nächsten Morgen stärkte der ehrwürdige Bischof Bernward nach dem feierlichen Gottesdienst den Kaiser und seine Leute mit den himmlischen Sakramenten und mit frommen Ermahnungen. Dann zogen sie hinaus zum Kampf, in vorderster Reihe der Bischof selbst. Schreckenerregend funkelte die Heilige Lanze in seiner Hand, in seinem Herzen aber erflehte er inständig den Frieden vom Urheber des Friedens. Und wirklich: Auf das Gebet seines frommen Dieners war bald Christus, der Friedenskönig selber zugegen, er, der schon am Anfang seines Lebens, bei seiner Geburt, die Wonnen des Friedens künden ließ und später in seinem Evangelium die Liebhaber des Friedens Kinder Gottes nennt (Mt 5,9). Durch seine Gnade also wurde aller Kampf und Streit beigelegt. Die Feinde baten um Frieden, legten die Waffen nieder und versprachen, am nächsten Tag an den Palast zu kommen. Durch Gottes Gnade waren sie am andern Morgen auch wirklich zur Stelle, baten um Frieden, erneuerten ihren Eid und versprachen dem Kaiser ewige Treue.

Unterdessen bestieg der fromme und sanftmütige Kaiser mit einigen wenigen Begleitern einen Turm und richtete folgende Ansprache an sie: „Vernehmt die Worte eures Vaters, merkt auf und bewahrt sie gut in eurem Herzen! Seid ihr nicht meine Römer? Euretwegen habe ich mein Vaterland und meine Verwandten verlassen, aus Liebe zu euch habe ich meine Sachsen und alle Deutschen insgesamt, mein eigenes Blut, verschmäht. Euch habe ich in die fernsten Teile unsres Reichs geführt, wohin eure Väter, als sie den Erdkreis unterwarfen, niemals den Fuß gesetzt haben. So wollte ich euren Namen, euren Ruhm bis an die Grenzen der Erde ausbreiten. Euch habe ich an Kindes Statt angenommen, euch habe ich allen andern vorgezogen. Euretwegen habe ich mich bei allen unbeliebt und verhaßt gemacht, weil ich euch allen andern vorgezogen habe. Und dafür habt ihr jetzt euren Vater verstoßen und meine Freunde grausam umgebracht. Mich habt ihr ausgeschlossen, obwohl ihr mich gar nicht ausschließen könnt, denn nie lasse ich zu, daß ihr, die ich mit ganzer väterlicher Liebe umfange, aus meinem Herzen verbannt seid. Ich kenne die Rädelsführer dieses Aufstands ganz genau und bezeichne sie durch den Blick meiner Augen; sie aber fürchten sich nicht einmal, obwohl ein jeder sie sieht und kennt. Daß aber auch meine Treuesten, deren Schuldlosigkeit ich mich rühme, sich unter die Verbrecher mischen, so daß man sie nicht mehr voneinander unterscheiden kann, das finde ich einfach ungeheuerlich." Durch diese Worte des Kaisers zu Tränen gerührt, versprachen sie Genugtuung, ergriffen zwei Männer, Benilo und einen andern, schlugen sie grausam zusammen, schleiften sie an den Füßen nackt über die Treppen und legten sie halbtot dem Kaiser zu Füßen. *(Thangmar, Kap. 23–25)*

Die historische Wirklichkeit kommt bei dieser Schilderung sicherlich nur einseitig zu ihrem Recht. Jedenfalls – das wissen wir von anderen Chronisten – war der Widerstand der Römer so heftig, daß der Kaiser zusammen mit dem ihm ergebenen Papst am 16. Februar die Stadt räumen mußte. Bernward reiste kurz darauf, am 20. Februar, wieder nach Hildesheim ab, entsendet aber noch im gleichen Jahr seinen Domdechanten Thangmar – den wir als Verfasser der Lebensbeschreibung kennen – „mit Briefen und Aufträgen zu Papst und Kaiser" nach Rom. Am 11. Januar des folgenden Jahres kehrt Thangmar wieder zurück und bringt auch Geschenke nach Hildesheim mit; „unter anderem ein wertvolles Gefäß aus Onyx sowie verschiedene Sorten von Arzneimitteln und etliche Farbstoffe". Wir erfahren noch, daß Bernwards Bruder Tammo die Burg Paterno für den Kaiser besetzte. Dort in Paterno, vor den Toren Roms, stirbt dann am 24. Januar 1002 Otto III. und mit ihm die Hoffnung auf eine konkrete Verwirklichung seiner Utopie. Dennoch: „der Traum einer Wiederherstellung des Imperiums im vollen antiken Sinne erfüllte sich nicht, aber die Idee, welche ihm zugrunde lag, leuchtete über die Kultur des Zeitalters bewegend, weckend, befruchtend" (Konrad Burdach).

Daß ihm Bernward bei seinem römischen Unternehmen einen großen Dienst erwiesen haben muß, bestätigt uns der Kaiser selbst durch eine Urkunde vom 23. Januar 1001, in der er die Kirche von Hildesheim mit Ländereien beschenkt. Im Eingang dieser Urkunde spricht er Bernward sein höchstes Lob aus, würdigt die Mühe, die er jetzt durch seine weite Reise zu ihm auf sich genommen habe, und erinnert auch an das, was er ihm schon immer gewesen war: „Zögling unserer Eltern und erster Gefährte unserer Wiege, immer treuer Zeuge unserer alten und noch nicht endenden Mühe und in mannigfacher Wissenschaft gewandter Lehrer unserer Kindheit und Jugend". Solche Sätze in einer Kaiserurkunde sind nicht gewöhnlich. Es wird deutlich, daß Otto beim Ausstellen der Urkunde einen besonderen Grund gehabt haben muß, seinem früheren Lehrer seine Dankbarkeit so ausdrücklich zu bezeugen. Wir können dem Biographen also getrost glauben, daß Bernward an der Belagerung von Tivoli, vor allem aber am Ausfall aus der Kaiserburg auf dem Palatin einen entscheidenden Anteil hatte. Beachtung verdient deshalb auch die Schilderung der Umstände: des Bischofs Gebet an den Friedenskönig Christus und die Heilige Lanze, die er bei diesem Ausfall vorangetragen haben soll. Der Bericht bringt Bernward in Berührung mit der höchsten Reliquie des Reiches.

Die von Heinrich I. erworbene Heilige Lanze, deren Spitze einen Nagel vom Kreuz Christi enthielt, bedeutete die Nachfolge der langobardischen Könige, die sie einst besessen hatten, und war damit das Zeichen der Herrschaft über Italien und Rom. Wir wissen, daß Otto III. die „kreuztragende Kaiserlanze" eigens zu seiner Kaiserkrönung (996) von Regensburg nach Rom mitgeführt hatte – offensichtlich, um sich als „Hüter der von Karl dem Großen geschaffenen Ordnung Europas" (H.-W. Klewitz) dazustellen.[2]

Durch dieses religiös-politische Symbol der Heiligen Lanze knüpft der Biograph den

2 Der italienische Graf Samson hatte einst die langobardische Königslanze dem König Rudolf II. von Burgund gebracht, um ihn durch dieses Anrechtszeichen auf die italienische Herrschaft für seine Partei zu gewinnen. Rudolf schenkte die Lanze Heinrich I., dem Urgroßvater Ottos III. (Liutprand von Cremona. Antap. 4,24). Wenn Otto III. diese „Heilige Kaiserlanze" nach Rom zu seiner Kaiserkrönung führte, war ihm vermutlich auch das Zeremoniell der byzantinischen Kaiserkrönung ein Vorbild, bei welcher man dem Basileus eine goldene Lanze überreichte (vgl. J. Fried. Otto II und Boleslaw Chobry. Stuttgart 1989. S. 128). Ob der Biograph Bernwards die Ereignisse um die Heilige Lanze im heutigen Sinne getreu wiedergibt, läßt sich vielleicht in Frage stellen. Keinesfalls aber ist die Episode ganz erfunden. Es wird uns bestätigt, daß der Kaiser auf seiner letzten Romfahrt zusammen mit den anderen Reichsinsignien tatsächlich auch die Heilige Lanze mit sich geführt hatte; denn als er im darauffolgenden Jahr in Paterno vor den Toren Roms stirbt und sein Leichnam nach Aachen gebracht wird, befördert man mit dem Leichenzug die Insignien, die Heilige Lanze aber – so berichtet Thietmar von Merseburg – schickt man voraus. (Die Reichsinsignien dürfen wir auch zu den Reliquien rechnen, die Otto an sein Totenbett hatte bringen lassen.) Die Heilige Lanze spielte offensichtlich eine besondere Rolle für die stark umstrittene Nachfolge Ottos III. Beim Durchzug des Leichenzugs durch Bayern nimmt Herzog Heinrich die Insignien an sich und erzwingt dabei auch die Herausgabe der vorausgeschickten Lanze. Die Lebensbeschreibung behauptet nun, Bernward habe gemeinsam mit Erzbischof Willigis Heinrich bei seiner Wahl in Mainz (7. Juli 1002) zum deutschen König gekrönt und ihm dabei auch die Heilige Lanze ausgehändigt. Dies ist zwar ein Irrtum, da Bernward, wie alle Sachsen, bei der Mainzer Wahl nicht anwesend war. Wohl aber hören wir von der Beteiligung Bernwards, als Heinrich in Merseburg nachträglich von den Sachsen anerkannt und dort am 25. Juli ein zweites Mal gekrönt wurde. Thietmar von Merseburg, der uns dies überliefert, berichtet weiter, der Sachsenherzog Bernhard habe an diesem Tag dem neuen König die Heilige Lanze überreicht. Daß dieser Akt durch die geistlichen Hände Bernwards (im Verein mit den anderen anwesenden Bischöfen Sachsens) vollzogen wurde, ist höchstwahrscheinlich, da diese Reliquie außer vom Herrscher selbst nur von einem Kleriker berührt werden durfte. Der spätere Kompilator der Lebensbeschreibung verwechselte offensichtlich nur diese beiden Etappen der ungewöhnlichen Königserhebung Heinrichs II. Da die Heilige Lanze das Zeichen des italienischen Königtums war, war sie vermutlich in Mainz noch gar nicht in Erscheinung getreten. Ließ Heinrich sie sich dann deshalb von den Sachsen feierlich überreichen, um die fehlende Krönung zum König von Italien (als solcher war schon am 15. Februar Arduin von Ivrea – der letzte nationale König von Italien – in Pavia gekrönt worden) zu ersetzen? Wie bedeutsam für ihn dieses Zeichen gewesen sein muß, zeigt das Krönungsbild seines Sakramentars, auf dem wir zwei Bischöfe sehen, die das Zeremonialschwert und die Heilige Lanze halten.

Michaeliskirche, bernwardinischer Bau. Innenansicht nach Westen mit Marien- und Salvatoraltar. – Rekonstruktion von H. Beseler

Auftritt des segnenden Bischofs und sein Friedensgebet eng an die kaiserliche Ansprache, in der die wesentlichen Ziele des Renovatio-Programms aufgeführt sind. In seiner Kunst wird Bernward uns zeigen, daß er selbst diese christliche Erneuerung des Römerreiches nicht politisch auffaßte, sondern vielmehr ganz auf eine geistige Ebene stellte. Der Grund dafür ist vielleicht darin zu finden, daß Bernward erst dann seine volle Kunsttätigkeit entfaltete, als Otto bereits gestorben war. Das Verhältnis zu Heinrich II., der sich auch seinerseits weniger von der Renovatio-Idee begeistern ließ[3], war sicherlich weit distanzierter, hatte doch Bernward zunächst seinen Rivalen um den Königsthron, den Markgrafen Ekkehard, in Hildesheim schon wie einen König empfangen. Immerhin aber zieht Bernward fünf Jahre später (1007) zusammen mit Heinrich gegen den Grafen Balduin IV. von Flandern zu Feld und schöpft dabei vielleicht auch künstlerische Anregungen, wenn er anschließend nach Tours und Saint Denis wallfahrtet und König Robert II. von Frankreich aufsucht.

In allem müssen wir Bernward also nicht allein eine Weltläufigkeit zuerkennen, die vom gewohnten Umgang am Königshof aus ihre Nahrung auch aus Byzanz, der Heimat seiner kaiserlichen Gönnerin, der griechischen Prinzessin Theophano, und aus Rom, der ideellen Reichsmetropole, bezog; wir sollten uns auch bewußt machen, daß über den Zögling Otto seine persönliche Wirkung auf die Geschichte des Reichs weit größer gewesen sein muß, als es direkt ausgesprochen worden ist.

Innerhalb dieses Welthorizontes muß auch Bernwards Wirken in seinem eher kleinen Bistum betrachtet werden: etwa, wenn er die Diözese neu in einzelne Archidiakonate aufteilt (oder zumindest die Entstehung dieser kleineren, rechtlich selbständigen Verwaltungseinheiten einleitet). Die steinerne Ringmauer, mit der er seine Domburg befestigte – Reste davon konnten kürzlich freigelegt werden – ist die erste Anlage dieser Art im nördlichen Mitteleuropa. Die Absicht, seine Stadt zu einer Metropole auszubauen, ist deutlich, und es mag damit in Zusammenhang stehen, daß er – der Lebensbeschreibung nach – die neue Befestigung damals anlegte, als er eben aus Rom zurückgekehrt war. Ein solcher Anspruch erhellt auch aus dem neuen griechischen Namen für Hildesheim, der in seinem Testament erscheint: „Bennopolis", was „Bernwards Stadt" heißen soll und nach dem Namen „Konstantinopolis" gebildet ist, wie die Hauptstadt des oströmischen Reiches nach ihrem Begründer, dem großen Kaiser Konstantin, hieß.

Aus der Rolle des Prinzenerziehers geht schon hervor, daß dieser Welthorizont auch auf umfassendster Bildung ruhte. Thangmar berichtet uns von Bernwards beachtlicher Büchersammlung, in der nicht allein „libri divini", also liturgische und theologische Bücher vertreten waren, sondern ebenso auch „libri philosophici", also Werke, die wir heute als naturwissenschaftlich bezeichnen würden. Daß der Bischof selbst in besonderer Weise die Heilkunst beherrschte, erfahren wir vom Geschichtsschreiber Thietmar von Merseburg: als Arzt ruft man ihn zur sterbenden Äbtissin Mathilde, einer Tochter Ottos

---

3 Schon als König führt Heinrich II. in seinen Bullen die alte Devise der Karolinger von der „renovatio regni Francorum", sicherlich um auf seine Anwartschaft auf die Kaiserwürde hinzuweisen. In der Praxis griff Heinrich den „rombezogenen Erneuerungsgedanken" seines Vorgängers nicht auf (vgl. Beumann S. 160).

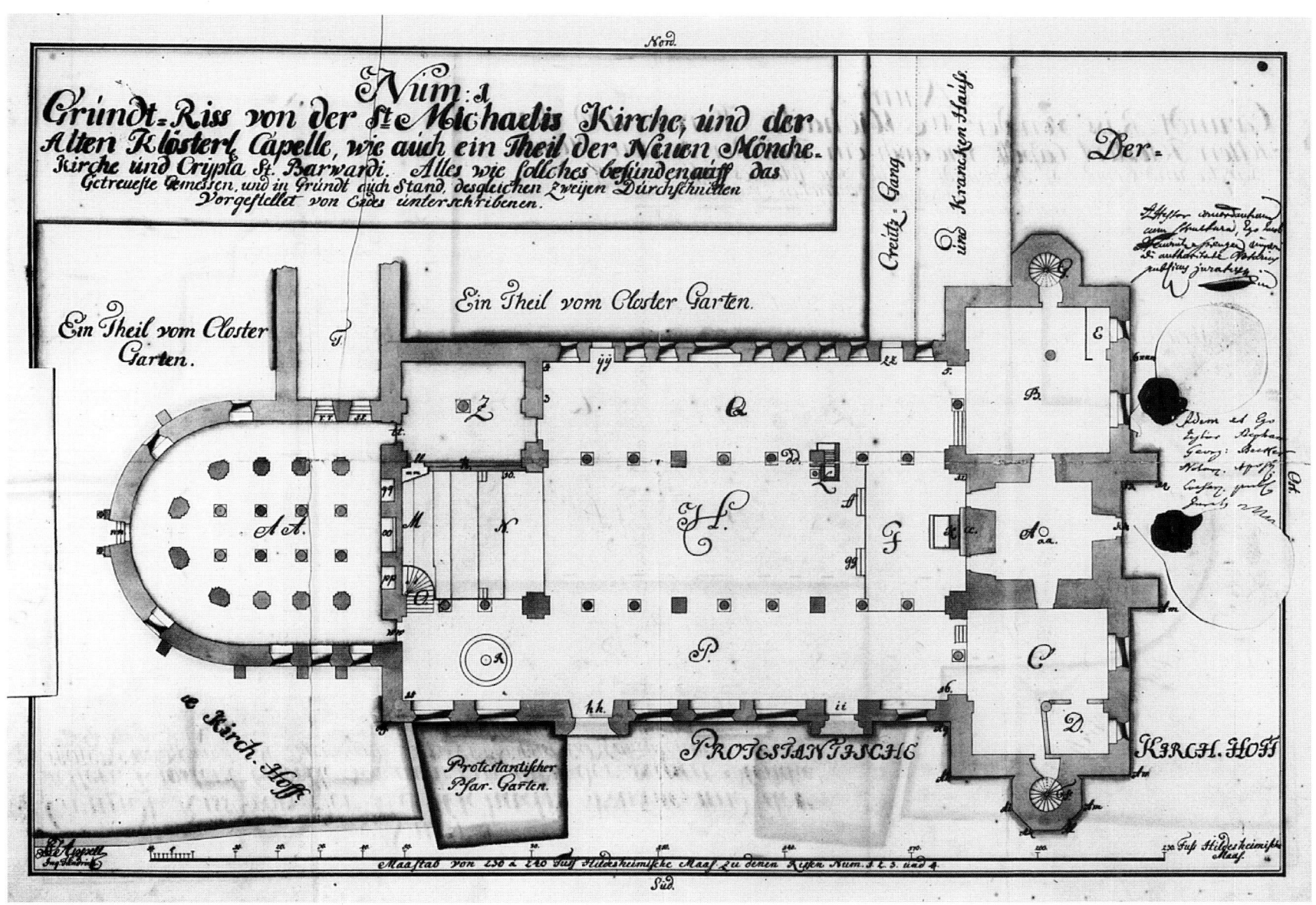

Michaeliskirche. Grund- und Aufriß (nächste Seite) nach den Veränderungen des 17. Jhs. Erkennbar sind noch die alten Aufgänge zum östlichen Chor (Presbyterium), der Kreuzaltar und die Kanzel. Die Bernwardsäule steht unter dem neuen Ostturm, wohin sie 1667 versetzt worden war.

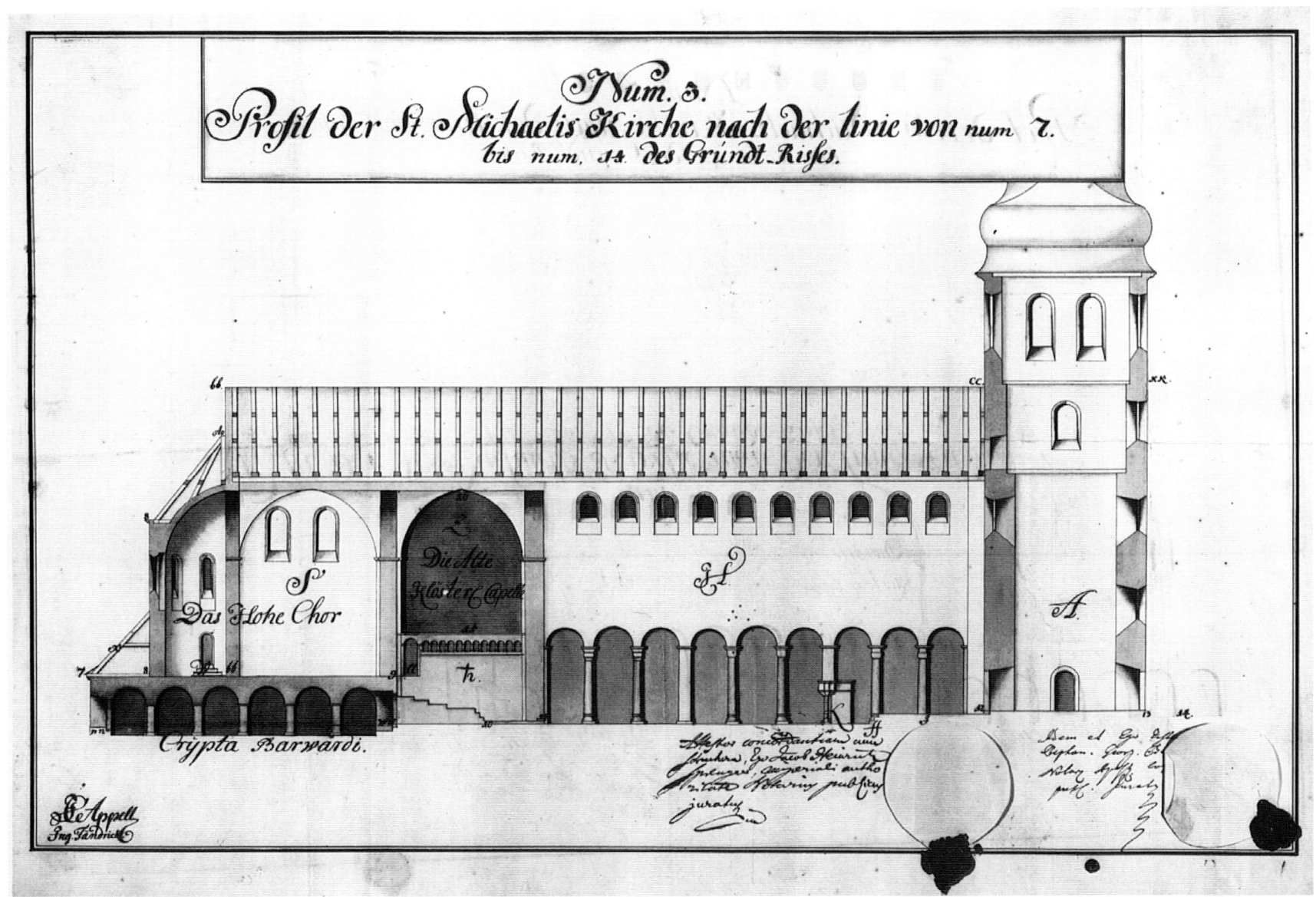

des Großen, und ein anderes Mal an das Krankenlager des Magdeburger Erzbischofs Walthard. Aus Bernwards Bibliothek selbst ist uns heute noch ein mathematisches Werk erhalten, eine Abschrift der „Institutio arithmetica" des Boethius. (Wir wissen, daß Otto III. die Schriften des Boethius als eines echten Römers hochschätzte.) In diesem Zusammenhang genannt wird auch eine „Architectura" des Vitruv – ein Exemplar des klassischen Ingenieurhandbuchs – mit dem Besitzvermerk des Goderamnus, des Propstes von St. Pantaleon zu Köln, den Bernward später zum Abt seines Michaelisklosters berief. Man vermutet sogar, daß diese Vitruvhandschrift die geometrischen Grundlagen für den Plan der Michaeliskirche geliefert hat. Da Goderams Exemplar noch einen Anhang über die Verfahren des Metallgusses enthält, ging man sogar noch weiter und nahm an, daß von diesem Buch auch Anregungen für die Gießereimeister Bernwards ausgegangen sind.

Von den Mönchen hören wir später noch von einer Handschrift der „Secreta secretorum", „Geheimnis der Geheimnisse", die einen Besitzeintrag Bernwards trug, im Dreißigjährigen Krieg aber verlorenging. Die „Secreta secretorum" gehen auf ein Werk des persischen Alchemikers und Arztes Ar-Razi zurück, der darin seine praktischen Erkenntnisse über die Reaktion der Stoffe, insbesondere der Metallsalze, niedergelegt hatte. Ob der Eintrag Bernwards echt war, können wir freilich nicht mehr nachprüfen. Die ersten uns bekannten lateinischen Übersetzungen arabischer Naturwissenschaft erscheinen im Abendland zwar erst ein Jahrhundert später; daß der Lehrer des halbgriechischen Prinzen auf dem Weg über Byzanz sich aber schon damals aus dem Orient wissenschaftliche Kenntnisse verschafft und bei seinem Kunstschaffen angewandt haben könnte, ist andererseits nicht von der Hand zu weisen. Durch den Chronisten Adam von Bremen erfahren wir wenig später von einem wandernden Goldmacher, einem jüdischen Konvertiten namens Paulus, den der Weg auch nach Griechenland geführt hatte, und der von dort seine Künste nach Bremen an den Hof des Erzbischofs Adalbert brachte: eine Gestalt, die weder zeitlich noch räumlich vom bernwardinischen Hildesheim weit abliegt.

Wissenschaft und Kunst erscheinen hier also eng verbunden. Über Bernwards künstlerisches Schaffen selbst ist in der Lebensbeschreibung nachzulesen:

> Auch im Bereich der Kunst gab es nichts, worin er sich nicht versucht hätte, auch wenn er es nicht bis zur letzten Vollendung bringen konnte. So betrieb er auch Schreibstuben nicht allein im Münster, sondern auch an verschiedenen andern Stellen, und erwarb sich hierdurch eine reichhaltige Bibliothek religiöser und philosophischer Schriften. Nie duldete er, daß die Malkunst, die Bildhauerei, die Schmiede- und die Kunst, Steine zu fassen oder sonst irgendeine künstlerische Betätigung, die er sich ausgedacht hatte, vernachlässigt würden. Als einmal dem König überseeische, aus fernen Ländern[4] stammende Vasen als ganz besondere Rarität zum Geschenk gemacht wurden, versäumte er nicht, das, was er an ihnen ungewöhnlich und besonders wertvoll fand, für sich auszuwerten. Denn er hatte, wenn er an den Hof oder auf längere Reisen ging, stets talentierte und überdurchschnittlich begabte Diener in seiner Begleitung, die alles, was ihnen im Bereich irgendeiner Kunst an Wertvollem auffiel, genau studieren mußten. Mit Vorliebe befaßte er sich auch mit Mosaikarbeiten zur Verzierung von Fußböden...
>
> Alte Höfe, die seine Vorgänger besessen hatten, und die er unbewirtschaftet vorfand, zierte er mit vortrefflichen Gebäuden. Einige dieser Bauwerke verzierte er durch verschiedene Mosaiken, indem er nach einem kunstvollen Schema abwechselnd rote und weiße Steine verwendete, und machte sie so zum schönsten Kunstwerk. Und was soll ich erst sagen von seinem Eifer und seinem Ehrgeiz, mit dem er unsere heilige Stadt und die Mutterkirche zu Glanz und Ansehen brachte? Sich selbst und alles, was er haben

4 Für das „ex Scotticis vasis" der Überlieferung vermute ich ein ursprüngliches „exoticis".

konnte, hätte er am liebsten für sie dahingegeben. Davon zeugen seine Werke, die als handgreifliche Beweise künftigen Geschlechtern von dem frommen Wunsch seines Herzens Kunde geben. Die Domkirche in wunderbarer Weise zu verschönern, war sein unablässiges Ziel. Ihre Wände und Decken schmückte er mit wundervollen, leuchtenden Gemälden, so daß man das Gefühl hatte, in einer völlig neuen Kirche zu sein. Für die Festprozession an hohen Feiertagen ließ er Evangelienbücher anfertigen, die von Gold und Edelsteinen prangten, auch Rauchfässer von bedeutendem Wert und Gewicht. Ferner schuf er mehrere kunstvolle Kelche, einen davon aus Onyx, einen andern aus Kristall. Darüber hinaus schmiedete er einen Kelch zum Gebrauch für den Gottesdienst aus purem Gold, zwanzig Pfund öffentlichen Gewichtes wert. Auch einen Kronleuchter von staunenswerter Größe, der von Gold und Silber funkelte, hängte er vorne (in facie)[5] in der Domkirche auf. *(Thangmar, Kap. 6,8)*

An dem, was wir hier über die Ausstattung des Doms erfahren, die einige Jahrzehnte später mit diesem abbrannte, mögen wir erahnen, wieviel uns auch sonst von diesen Kunstwerken verlorengegangen ist. Die großen Bronzewerke sind aber erstaunlicherweise nicht einmal erwähnt. Wenn wir den mittelalterlichen Sprachgebrauch berücksichtigen, dürfen wir im übrigen nicht denken, daß Bernward hier auch handwerklich mitgewirkt hätte. Er war der Auftraggeber, der freilich in außergewöhnlicher Weise an der Planung, sowie der Auswahl und Gestaltung der Bildinhalte beteiligt gewesen sein muß.

Gerade über die Beweggründe, die Bernward zu diesem großen Kunstschaffen antrieben, sagt der Biograph nichts. Um so mehr können wir aber indirekt über sie erfahren, wenn wir die Schenkungsurkunde für das Michaeliskloster (vom 1. November 1019) aufmerksam lesen, die mit Recht auch Bernwards „Testament" genannt wird (dieses „Testament" ist auch in der Lebensbeschreibung wörtlich zitiert):

Jede Kreatur mit Namen ‚Mensch' ist von ihrem Schöpfer so geschaffen, daß sie nach dem Gesetz ihrer Natur lieber ihrem Schöpfer dient als dem Geschöpf. Zwar lenkt der Umgang mit den Dingen davon ab; doch diese seine Grundverfassung zieht den Menschen, sofern er bei Vernunft ist, immer wieder zurück auf den Pfad seiner ursprünglichen Bestimmung. Je erheblicher aber eine solche Ausrichtung war, die man durch die Gnade Gottes einmal erfahren hat, desto inniger fühlt man sich in allen Dingen Gott verbunden. Das könnte nicht so sein, wenn nicht Gott mit starker Hand einen jeden an sich zöge. So gewinnt im Verlangen des Menschen nach Gnade die helfende Barmherzigkeit Gottes ihre Gestalt und gleicht sich dem einzelnen an. Suchen wir Beispiele dafür, so finden wir auf der Stelle göttliche Antwort: Nach Adams Sündenfall und langen Zeiten der Verbannung glaubte Abraham dem Herrn, und eben das wurde ihm zur Rechtfertigung angerechnet. Moses dagegen, der das Gesetz gab, wurde sowohl durch Gottes zuvorkommende Gnade als auch durch seine eigenen Verdienste Führer und Lehrer des Volkes Israel. Elias hinwiederum, der Wundertäter, erbrachte den Beweis gleicher Heiligkeit dadurch, daß er die Grenze menschlicher Jahre nicht erfuhr, sondern im feurigen Wagen hinweggeführt wurde zum Ewigen Gericht. Es übersteigt unsre Fassungskraft, und wir kämen zu keinem Ende, wollten wir mit den Mitteln unserer Vernunft in diese Fragen tiefer eindringen. Genug Beweis ist das Beispiel Davids, der sich mit starker Hand gewaltig im Kampf erhob. Sonnenklar beweist es der heilige Salomon, der nach der Errichtung des Tempels Gottes sich durch frommen Gottesdienst und das Opfersakrament Gott näherbrachte, er, dem als Büßer niemand gleich erfunden wurde. Ihnen allen offenbarte Gott durch die jeweilige Art ihrer Taten das Besondere ihrer Verdienste, damit sie in der Zeit durch Verdienst und Tat immer und von allen unterschieden, in der Ewigkeit aber den Engeln gleich seien. In Anbetracht dessen habe nun ich, Bernward, durch Gottes Erwählung, nicht aus eigenem Verdienst Bischof genannt, lange darüber nachgedacht, durch welche Baukunst der Verdienste (vgl. Augustinus, civ.Dei 17,12), durch welche Leistung ich, der gelehrte Schreiber bei Hof, der Lehrer und Urkundenverwahrer Kaiser Ottos III. seligen Andenkens, mir den Himmel verdienen könne. Von Gottes Gnade ergriffen, erschaudernd vor dem Übermaß meiner Sünden und zugleich erfüllt von Sehnsucht nach göttlicher Gnade, erwog ich bald dies, bald das, wodurch ich der ewigen Barmherzigkeit Genugtuung leisten und Rettung für meine Seele erlangen könne. Doch bei meinen damals recht bescheidenen Verhältnissen mußte ich fürchten, daß ich, was immer ich mir auch vornähme, entweder überhaupt nicht beginnen, oder doch nie zu Ende führen könne. Dennoch wurde in mir der Wunsch, meinen Vorsatz auszuführen, immer und immer lauter, auch wenn meine damaligen Lebensumstände nicht gestatteten, etwas zu unternehmen. Doch siehe, da hat Gottes Wille und der Ältesten Wahl mich auserkoren, auf eines Bischofs glorreichen Thron erhoben zu werden. Und damit die Herde des Herrn nicht ohne Hirten in Verwirrung gerate, und unsere Mutter Kirche nicht gleichsam zur Witwe würde, ließ der Geist des Friedens bei der Wahl des neuen

---

5 Die Bezeichnung „facies" verwendet Bötticher (S. 3) für den Ostabschluß der Michaeliskirche. Eine ähnliche Wendung finden wir auf der Inschrift der Bronzetür, auf der es heißt, Bernward habe die Türflügel „in facie angelici templi" (vgl. Ez. 40,47) aufhängen lassen.

Bischofs alle ein Herz und eine Seele sein. Jetzt, da ich den Thron der Kirche von Bennopolis bestiegen hatte, wollte ich in die Tat umsetzen, was ich seit langen im Herzen plante, das heißt, ich wollte meinem Namen ein glückliches Andenken bereiten unter dem Titel, Kirchen erbaut, Gottesdienste in ihnen gestiftet und alle meine Habe dem Herrn geschenkt zu haben. Nun aber sind Gottes Ratschlüsse zwar verborgen, aber immer gerecht. Ich begann also, mit freudiger Zustimmung der Gläubigen Christi ein neues Gotteshaus zu erbauen, wodurch ich zum Lob und Ruhm des Namens des Herrn sowohl mein eigenes Versprechen erfüllte, als auch dem Besten der Christenheit diente, indem ich gottgeliebte Mönche dort ansetzte.

(Thangmar, Kap. 51)

Hier knüpft Bernward an die besondere Schöpfungstheologie an, die der Kirchenvater Augustinus in seinem Kommentar über das Buch Genesis („ad litteram") entwickelte. Gottes Schöpfertätigkeit ist mit dem Werk der sechs Tage nicht zuende. Durch die Fürsorglichkeit seiner Vorsehung („providentia" – Bernward verwendet den verwandten Begriff „protectio") wirkt er immer noch in seine Schöpfung hinein, die sich ihrerseits zu ihm hinbewegt. Das tätige Streben des Menschen nach Gnade und Gottesnähe formt er zum Werkzeug seiner Vorsehung. Gerade durch diese Beteiligung an der Fürsorglichkeit des Schöpfers für sein Geschöpf dauert die Erschaffung des Menschen nach Gottes Ebenbild immer noch an. In der Form des Strebens nach Gnade aber verwandelt sich die göttliche Vorsehung dem Menschen an. In liebender Zwiesprache läßt Gott auf diese Weise die guten Werke des Menschen zum Teil seines ständigen Schöpfungswerkes werden. So erweist sich die Heilsgeschichte, die Geschichte Gottes mit dem Menschen, als die Fortsetzung und Vollendung der ersten Schöpfung.

Derselbe Genesiskommentar des Augustinus hatte Bernward auch schon weitgehend die geistige Grundlage für das Bildprogramm seiner Bronzetür gegeben. In der Szene vom baumbearbeitenden Adam ist dort sogar ein Bild eingeflossen, das Augustinus in diesem Zusammenhang verwendete. Der Kirchenvater faßt nämlich die Schöpfung in das Gleichnis eines großen Weltbaumes, dessen Wachsen und Gedeihen vom Planen Gottes, des Herrn des Gartens, abhängt, der aber unter der Anweisung und Vorarbeiterschaft der Engel – auf der Bronzetür schwebt über dem Adam und dem Baum in der Tat ein solcher – vom Menschen als dem Gehilfen des Gartens gepflegt wird. Der menschlichen Vernunft kommt dabei die Aufgabe zu, das allmächtige Schöpfertum des großen Gärtners zu erkennen und die eigene dienende und ausführende Rolle immer weiter an den ewigen, fürsorglichen Schöpferwillen anzunähern.

Das Streben des Menschen, seine Gottebenbildlichkeit zu erfüllen, besteht im Werk des Glaubens und der Buße, mit dem er die Gottesferne überwindet. Dieses Werk leisteten schon die alttestamentlichen Gestalten Abraham, Moses, Elias, David und Salomo, die je auf ihre Weise die Schuld des Stammvaters Adam überwanden und durch ihr Bemühen zur neuen Gottebenbildlichkeit gelangten. An diese biblische Reihe (vgl. Hebr 11) schließt Bernward seinen eigenen geistlichen Lebenslauf an. Dabei stellt er insbesondere eine Parallele mit dem letzten Beispiel auf: Salomo mit seinem Tempelbau. In ihm gipfelt auch die Reihe. Haben doch die Kriegstaten des David, obwohl sie hier gerühmt werden, dessen Berufung als Erbauer des Tempels letztlich verhindert, es war vielmehr Salomo, der „Frie-

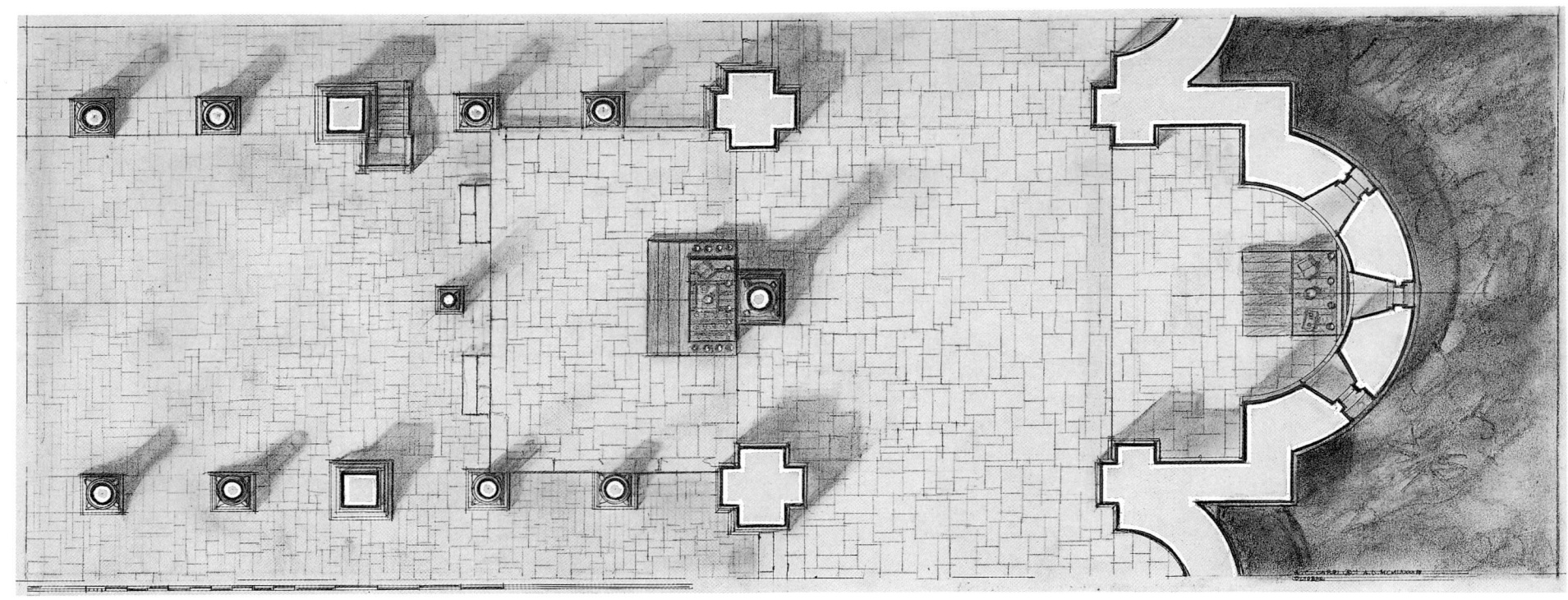

*Michaeliskirche, bernwardinischer Bau. Östlicher Grundriß.
Rekonstruktionszeichnung von A. Carpiceci*

denskönig" (1 Chr 22,9), der dazu erwählt wurde. (Der Begriff des Friedenskönigs ist uns im Zusammenhang mit Bernwards politischem Ideal bereits begegnet.)

Mit Salomo fühlt sich Bernward verwandt sowohl in seinem tiefen Bewußtsein der Sünde als auch in dem Bußwerk, mit dem er die Schuld überwindet und die Nähe Gottes erreicht: dem Bau eines Gotteshauses.

Nun ist es im Mittelalter gar nicht selten, daß sich ein Stifter einer Kirche (etwa Karl der Große in Aachen) mit dem Erbauer des ersten jüdischen Tempels vergleicht; daß Salomo aber dabei als großer Büßer auftritt, ist hier einmalig.[6] Auf das profunde Sündenbewußtsein in Bernward selbst, das mit einer allgemeinen Bußstimmung seiner Epoche (die auch die der ersten Klosterreformen war) korrespondiert, deuten auch andere seiner Äußerungen hin – so die Schrift im Widmungsbild seines „Kostbaren Evangeliars", seine Grabschrift und vor allem das Bekenntnis in seiner Schenkungsurkunde für die Kreuzkapelle.[7] So erweist sich auch der menschliche Anteil an der Heilsgeschichte als ein Werk der Buße, mit der die Nachkommen Adams die Sünde des Urvaters auszugleichen suchen. Auf diese Weise führt über Salomo eine Linie von der biblischen Urzeit bis zu Bernward selbst. Auch er erfährt den Anruf der Gnade, die ihn zu tätiger Umkehr leitet. Das Bußwerk, zu dem er berufen wird, ist der Bau des Klosters.

Trotz seines Sündenbewußtseins oder gerade durch dieses stellt er sich selbst in eine Reihe mit den Großen des Alten Testaments, die zu verdienstlichen Taten erwählt und schließlich in die Gemeinschaft der Engel aufgenommen wurden. Gemeint ist mit dieser Engelsgemeinschaft die geistliche „Mitbürgerschaft" (Eph 2,15) in der „Stadt des lebendigen Gottes, dem himmlischen Jerusalem und der Menge vieler tausend Engel" (Hebr 12, 22–23). Die „Mitbürger" dieser Gemeinschaft finden wir dann auch auf einer Steinplatte der Michaeliskirche zum Gedächtnis des eben erst verstorbenen Bernward aufgeboten:

„Kommt herbei, unsere Mitbürger, betet Gott an
und gedenkt eures Bischofs Bernward!"[8]

Wenn Bernward die Reihe der alttestamentlichen Gerechten aufruft und alle in der himmlischen Mitbürgerschaft ihr Ziel finden läßt, so erinnert er damit an ein anderes großes Werk des Augustinus, nämlich den „Gottesstaat" („Civitas Dei"). Dort legt der Kirchenvater dar, wie schon seit Beginn im Laufe der Menschheitsgeschichte ein „Himmelsstaat", ein Reich des Geistes und der Liebe immer weiter heranwächst und dabei in einem steten Kampf mit dem „Erdenstaat", dem Reich des Fleisches und des Hochmutes liegt.

Bereits die Gerechten des Alten Testaments zählten zu diesem Gottesstaat, der schließlich einmal mit Hilfe der Gnade des menschgewordenen Christus zum endgültigen Sieg gelangen wird. Die Zugehörigkeit zu einem dieser beiden Staaten entscheidet der einzelne Mensch selbst, je nachdem er sich den irdischen oder den himmlischen Dingen zuwendet.

6 In Anlehnung an die Septuagintafassung von Spr 24,32 als „später habe ich Buße getan" hatten mehrere Kirchenväter Salomo als Büßer dargestellt (Kyrillos von Jerusalem. Kat. 2,13; Hieronymus. In Ez. 13,43; adv. Jov. 1,24). Die Besonderheit bei Bernward ist die Rechtfertigung Salomos durch seinen Tempelbau, der ansonsten nicht als ein geistliches Verdienst angesehen wurde – ein Ansatz dazu allenfalls bei Ambrosius, der Salomos Kultmusik würdigt (In Ps. 118,26. PL 15, 1290), den Tempelbau selbst freilich nicht (Apologia David altera 3,16. PL 14,892).

7 In seiner Schenkungsurkunde für die Kreuzkapelle (Janicke. Urkundenbuch des Hochstifts Hildesheim I. S. 27 f) bekennt Bernward die „Unermeßlichkeit seiner Vergehen" und gesteht demütig, er sei alleine durch göttliche Barmherzigkeit „aus Kot und Armut" zum Bischofsamt erhoben worden. In diesem Zitat des Psalms 112 (7) verbirgt sich gleichwohl unausgesprochener Stolz, lautet doch der nächste Vers: „daß er ihn setze neben die Fürsten". Auch für Otto III. ist uns eine tiefe Bußgesinnung bezeugt (Thietmar. Chron. 4,48).

8 Daß hier die „Gemeinschaft der Heiligen" gemeint ist, zeigt der Vergleich mit Psalm 94 sowie mit einer Formel der Kirchweihliturgie: „Kommt herbei ihr Heiligen, erbaut ist euch eine neue Kirche". Vgl. Augustinus, civ. Dei 12,9; cn. in Ps. 137 (PL 37,1776): „nos futuros aequales angelis".

So sieht Augustinus in der individuellen Seele eine Entwicklung, die der kollektiven Menschheitsgeschichte entspricht, „vom triebhaften Handeln gegen das als Naturordnung empfundene göttliche Gebot zum vollen und klaren Wissen um dies Gebot und der Verzweiflung in der Sünde, zum Ergreifen der Gnade und endlich dem Ruhefinden in Gott" (E. v. Aster).

Auf eben diesen augustinischen Grundgedanken wird das geistliche Selbstbekenntnis Bernwards erst in einem vollen Maße verständlich. Bernward legt dabei freilich ein verstärktes Gewicht auf die Werke des Menschen, die ihm gleichwohl letztlich eine Antwort auf die Stimme der göttlichen Gnade sind. Durch solche Werke mag es gelingen, sich schon auf Erden von den Menschen des „irdischen Staates" abzuheben („omnibus semper essent dispares") und sich in der Ewigkeit vollends in den „himmlischen Staat" einzufügen („angelicis spiritibus essent coaequales").

Der augustinische „Gottesstaat" ist aber auch das Buch, das der Idee von einem zu errichtenden christlichen Universalreich in Form der „renovatio imperii Romanorum" seine philosophische Nahrung gegeben hatte. Damit eröffnet sich hier auch eine Verbindung zur Reichsutopie Ottos III. Dazu fügt es sich, wenn Bernward schreibt, er habe seine Gedanken und seinen Gründungsplan bereits damals gefaßt, als er noch am königlichen Hof lebte.

Für unsere Frage nach seinem Kunstverständnis ist es freilich noch aufschlußreicher, neben sein „Testament" den augustinischen Genesiskommentar „ad litteram" mit seinem Begriff der göttlichen Vorsehung zu halten. Es zeigt sich dabei, daß Bernward seine Kunst von der göttlichen Gnade inspiriert weiß. Durch das verdienstliche Werk seiner Kunst erhält er dienenden Anteil am schöpferischen Wirken der göttlichen Vorsehung und reicht durch dieses Mitwirken an die Ebenbildlichkeit des großen Schöpfers heran. Auf diese Weise stellt sich Bernwards Kunst in eine Zwiesprache von Gottesdienst und Selbstvollendung. Das Vorhaben aber, von dem Bernward hier konkret spricht, ist die Stiftung von St. Michael. Sie dürfen wir als das zentrale Werk betrachten, in dem er sein geistliches Streben verwirklicht sah. Wie eng er seine Persönlichkeit an diese Stiftung band, ersehen wir auch daran, daß er hier sein Leben am 20. November 1022 beendete. Als Sterbender ließ er sich in die Martinskapelle bringen, die zwischen dem Ostchor der Kirche und der Kreuzkapelle in den östlichen Kreuzgang eingebaut war. Kurz vor dem Tod zog er noch das Kleid des heiligen Benedikt an und reihte sich damit als Mönch in den Konvent von St. Michael ein. Seine gewünschte Ruhestätte fand er in der Klosterkirche vor dem Marienaltar, in der Krypta, wo er als Heiliger (er wurde 1192/93 kanonisiert) bis auf den heutigen Tag verehrt wird.

Die Michaeliskirche

Bernwards Stiftung

Die Etappen der Stiftung von St. Michael ziehen sich beinahe über Bernwards gesamte Bischofszeit hin. Am Beginn steht ein kaiserliches Geschenk, eine Kreuzpartikel, die Bernward von Otto III. erhalten hatte. Diese Reliquie können wir mit größter Wahrscheinlichkeit mit den vier kreuzförmig gelegten Splittern gleichsetzen, die in der Mitte des großen, goldenen Bernwardkreuzes hinter einem Bergkristall zu sehen sind. Dieses prunkvolle Goldkreuz (Abb. S. 28) selbst wurde allerdings vielleicht erst im zweiten Viertel des 12. Jahrhunderts hergestellt und ersetzte wohl das originale Kreuzreliquiar Bernwards. Das Große Bernwardskreuz war jedenfalls in den folgenden Jahrhunderten die Hauptreliquie des Klosters, die zusammen mit dem Quellwasser der Krypta als wundertätig gegen Krankheiten und Dürre eingesetzt wurde.

Für die kaiserliche Kreuzreliquie ließ Bernward nordwestlich der Domburg eine Kapelle bauen, die er im Jahr 996 weihte, am 10. September, eben dem Tag, an dem in Konstantinopel alljährlich die Feierlichkeiten des Kreuzerhöhungsfestes begannen.[9] Die Lebensbeschreibung erzählt folgendes darüber (wobei die Verlassenheit und Wildnis des Ortes zum Typus mittelalterlicher Gründungslegenden gehört. Kein Besucher Hildesheims, der einmal selbst den kurzen Weg von der Domburg zum Michaelishügel durchmessen hat, wird den Bericht in diesem Punkt beim Wort nehmen)[10]:

> Auch erbaute er außerhalb der Mauern eine prächtige Kapelle für den Gottesdienst des lebenspendenden Kreuzes. Eine Partikel dieses Kreuzes, die ihm sein kaiserlicher Herr, Otto III., geschenkt hatte, legte er, eingefaßt in funkelnde Edelsteine und reines Gold, in dieser Kapelle zur Verwahrung nieder. Und hier gab der gütige Gott durch die Kraft dieses heiligen Kreuzes durch unleugbare Zeichen und Wunder ungezählte Beweise seiner Huld. Die Kapelle des heiligen Kreuzes aber weihte er, nachdem sie in vielfältiger Zier vollendet war, am 10. September des Jahres 996 nach der Geburt des Herrn, im 9. Jahr der Indiktion, im 13. Jahr des Königtums des glorreichen Kaisers Otto III., im ersten seines Kaisertums, im 4. Jahr seiner eigenen Bischofsweihe. So verwandelte er diesen Platz, der vorher von Dickicht und Dornensträuchern starrte, für die Bewohner der ganzen Umgebung – Lob sei dir, Christus! – in eine Stätte immerwährenden Trostes, kraft deiner Gaben der Taufe, des Begräbnisses und der Ölung. *(Thangmar, Kap. 10)*

Vom Kaiser kam damals aber nicht allein die Gründungsreliquie. In einer späteren Urkunde finden wir Ländereien am Leinefluß erwähnt, die Otto III. für den Unterhalt der Kleriker an der Kreuzkapelle und ihres Vorstehers gestiftet hatte. Die urspüngliche Gründung erweiterte Bernward dann durch die Anlage eines Klosters und einer großen Kirche. Die spätere Überlieferung der Mönche will davon wissen, daß dieser Bau im Jahr 1001 begonnen wurde. Damit stünde er im Zusammenhang mit dem Ausbau der Stadt und der steinernen Ummauerung der Domburg, die Bernward der Lebensbeschreibung zufolge gleich nach seiner Rückkehr aus Rom, also ebenfalls in diesem Jahre ins Werk setzte. Nachdem aber unter dem südwestlichen Treppenturm ein Grundstein gefunden wurde, der neben dem Namenszeichen Bernwards die Jahreszahl 1010 trägt, geht man heute eher von diesem Gründungsdatum aus.[11] Jedenfalls konnte Bernward am 29. September 1015 die Krypta der neuen Klosterkirche weihen:

> Im Jahre der Fleischwerdung des Wortes 1015, im 14. Jahr der Regierung des frommen Kaisers Heinrich, im 23. Jahr der Weihe des ehrwürdigen Bischofs Bernward, im 13. Jahr der Indiktion, am 29. September, wurde die Krypta des Klosters, nachdem sie mit Got-

---

9 Nach Morelli. Kalendarium Ecclesiae Constantinopolitanae. Im Jahr 996 fiel der 10. September auf einen Donnerstag. Schon deshalb müssen wir annehmen, daß der Termin ein Fest war. Vielleicht rührt von daher auch das Patrozinium des Hl. Lambert, dessen Tag (17. Sept.) noch innerhalb der Festwoche lag.

10 Der Michaelishügel liegt am Innerstefluß an der Furt, über die ein befahrener Handelsweg führte und an der sich damals schon eine erste städtische Ansiedlung gebildet hatte.

11 Zum Gründungsdatum: Goetting S. 215. W. Berges und H.J. Rieckenberg (Die alten Hildesheimer Inschriften bis zum Tod Hezilos. Göttingen 1983. S. 101–103) nehmen 1001 als das Jahr der Klostergründung an, 1010 als den Baubeginn der Kirche.

tes Hilfe in großer Schönheit vollendet worden war, von Bischof Bernward, dem ehrwürdigen Bischof Eggehard von Schleswig und Bischof Dietrich von Münster eingeweiht. Sie wurde geweiht zu Ehren unseres Herrn und Erlösers Jesu Christus, seiner heiligsten und glorreichen Mutter und allzeit reinen Jungfrau Maria, zu Ehren des heiligen Erzengels Michael und der ganzen himmlischen Heerschar und zugleich der sechsundsechzig Reliquien, die von eben diesen hochwürdigen Bischöfen unter würdiger Verehrung dort beigesetzt wurden.
(Thangmar, Kap. 47)

Diese Weihe hat sicherlich am Marienaltar stattgefunden, der noch heute am östlichen Ende dieser Westkrypta steht. Von diesem Altar aus war die Krypta einst durch einen Bogen in das Langhaus hinein offen (später wurde dieser Durchgang durch eine Art Apsis verschlossen). Den Salvatoraltar, der bei der Vollendung des Westchors am östlichen Ende der Empore gerade über dem Marienaltar stehen sollte, können wir im Wesen als dessen Verdoppelung ansehen. Zu Füßen des Marienaltars wollte Bernward – wie die Lebensbeschreibung berichtet – begraben sein. Ob er allerdings seine Grablege auch selbst in der Mitte bestimmt hat, von wo aus sie heute die ganze Krypta beherrscht, wissen wir nicht. Eher dürfte die Krypta mit dem auffallend hohen Umgang für die Aufbewahrung und tägliche Verehrung der Kreuzreliquie angelegt worden sein. Die heutige zentrale Lage des Grabes läßt sich eigentlich schwer mit den demütigen Absichten des Stifters vereinbaren.

Freilich bezeugen seine eigenen Äußerungen gerade in der Demut immer auch ein ausgeprägtes Selbstbewußtsein, zumal, wenn die Inschrift seiner Grabplatte von ihm selbst verfaßt sein sollte, wo er sich „Servus servorum Christi", also „Knecht der Knechte Gottes" nennt: ein Titel, den sich sonst die Päpste gaben (und der überhaupt so bescheiden nicht ist, wie er zunächst klingt; führt er sich doch auf die Selbstbezeichnung des Paulus als „Sklave Christi" und letztlich sogar auf den Gottesknechtnamen Christi selbst zurück). Wenn aber der Marienaltar schon im Jahr 1197 aufs neue geweiht werden mußte, können wir für diese Zeit jedenfalls eine Umgestaltung der gesamten Krypta vermuten, die wegen der Heiligsprechung Bernwards auch sein Grab in einen besseren Blickpunkt rückte. Mit dem Marienaltar ist auch das erste liturgische Zentrum des Kirchenraumes greifbar. Mit großer Wahrscheinlichkeit für die Weihe des Marienaltars 1015 bestimmt war das „Kostbare Evangeliar", das Bernward in einem Schenkungseintrag dem heiligen Michael als Patron des Klosters, im Widmungsbild aber wiederum der Gottesmutter zudenkt.

Am 29. September 1022 – kurz vor Bernwards Tod – erfolgte dann die Weihe des gesamten Klosters, das er schon 3 Jahre zuvor, in seinem „Testament" mit seiner ganzen Habe beschenkt hatte:

Im Jahre 1022 nach der Menschwerdung des Herrn, im 21. Jahr der Regierung Kaiser Heinrichs, im 30. Jahr der Weihe Bischof Bernwards, im 5. Jahr der Indiktion, am 29. September, war das Kloster, von dem wir oben gesprochen haben, zur Aufnahme der Mönche bereit, in vielfältiger Schönheit, so wie man es heute sieht, vollendet und wurde mit aller Andacht und Frömmigkeit von dem ehrwürdigen Bischof Bernward, dem Stifter dieser Kirche, dem ehrwürdigen Bischof Unewan von Hamburg, Bischof Eggehard von Schleswig und dem ehrwürdigsten Bischof Benno von Oldenburg eingeweiht. Es wurde geweiht zu Ehren unseres Herrn und Erlösers Jesu Christus, seiner heiligsten Mutter und allzeit reinen Jungfrau Maria, des heilbringenden Holzes des verehrungswürdigen lebenspendenden Kreuzes, zu Ehren des heiligen Michaels als seines besonderen Schutzpatrons, zu Ehren der ganzen himmlischen Heerschar und zum Lob und Ruhm aller Heiligen Gottes.
(Thangmar, Kap. 49)

Die Kreuzkapelle, die nun die Nordostecke des Klostergevierts bildete, wurde der Kirche inkorporiert und mit den Pfarrechten der Taufe und des Begräbnisses ausgestattet, die also für St. Michaelis von dort aus wahrgenommen wurden. Diese Gesamtweihe erfolgte wohl am Kreuzaltar im östlichen Mittelschiff, dem anderen Zentrum der Kirche.

Die Kreuzaltaranlage

Der Kreuzaltar der mittelalterlichen Kirche, der auch sonst meist im östlichen Mittelschiff gelegen war, diente für den Gottesdienst des Kirchenvolkes (während der Chor den Mönchen und Klerikern reserviert blieb) und bildete die liturgische Mitte des Kirchenraumes. In der Michaeliskirche waren die anderen Altäre, vor allem aber der Marienaltar, auf ihn hin ausgerichtet, müssen wir doch bedenken, daß die Hauptgebetsrichtung immer nach Osten, der aufgehenden Sonne zu, ging. So befand sich hier der Zielpunkt der *einen* Liturgie, die damals noch den gesamten Kirchenraum über die einzelnen Altäre hinweg übergriff. Unser Kreuzaltar aber ragte in einer besonderen Weise heraus, weil er von einer größeren Anlage umgeben war. Diese Kreuzaltaranlage ist für uns doppelt bedeutsam. Zum einen kennen wir kein Ensemble, das dem unseren vergleichbar wäre. Zum anderen erregen die älteren Gegenstände unsere Aufmerksamkeit, die hier eingearbeitet waren und der Überlieferung nach durch Otto III. dorthin gelangt waren. Gerade in der neuen Verwendung von Spolien, den Bau- und Kunstresten der Antike, macht sich ja oft ein Rückbezug deutlich, durch den sich ein Auftraggeber leiten ließ. Wenn es sich bei ihnen tatsächlich um Geschenke Ottos handelt, müßten diese auch zunächst in der Kreuzkapelle aufgestellt gewesen sein – wurde das Hauptschiff der Kirche doch erst etliche Jahre nach dessen Tod erbaut. Es ist auch schwerlich Zufall, daß die Weihe der Kreuzkapelle, der ersten Gründung um die kaiserliche Kreuzreliquie, noch im gleichen Jahr stattfand, in dem Otto III. in Rom zum Kaiser gekrönt wurde.

Die Kreuzaltaranlage ist zwar durch Bildersturm und Säkularisation zerstört worden, es sind aber noch genügend Reste und Zeugnisse erhalten, die es uns erlauben, Klarheit über ihre Gestalt zu gewinnen. Der Altarstein selbst stand in einer besonders engen Verbindung zur kaiserlichen Gründungsreliquie. Aus späteren Berichten vom Großen Bernwardskreuz (Kratz 2, S. 29) erfahren wir, daß dieses an den beiden Kreuzauffindungstagen (der 14. September ist der Tag der Auffindung durch Helena, der 3. Mai der Wiederauffindung durch Heraklius) sowie am Sterbetag Bernwards „in der Klosterkirche von St. Michael zur Verehrung ausgesetzt" war. Diese Aussetzung muß aber eben an dem vom Hauptschiff her einsehbaren und zugänglichen Kreuzaltar stattgefunden haben – die allgemeine Zugehörigkeit des Kreuzaltares zum Kreuz Christi spricht ebenfalls dafür.

Da das Große Bernwardskreuz als Nachfolger des Gründungsreliquiars anzusehen ist und die Aussetzung am Kreuzaltar eine Parallele fände in der Liturgie der Jerusalemer Grabeskirche, auf die Bernward – wie wir noch genauer sehen werden – auch in der gesamten

Das Große Bernwardskreuz (vermutlich 12. Jh.) mit der Partikel vom Heiligen Kreuz hinter dem mittleren Bergkristall

Anlage anspielt, können wir diesen Brauch schon auf die Absicht des Gründers zurückführen (sein Sterbetag wird dann den beiden Kreuzfesten hinzugefügt worden sein).

Damit läßt sich ein weiteres bernwardinisches Kunstwerk mit diesem Kreuzaltar in Verbindung setzen: die beiden vergoldeten Silberleuchter (Abb. S. 30), die in seinem Grab gefunden worden sein sollen, als es im Jahr 1194 anläßlich seiner Erhebung geöffnet wurde (ein weiteres Indiz übrigens, daß damals Veränderungen in der Krypta stattfanden). Schon zu Bernwards Zeiten war ja der Brauch aufgekommen, auf dem Altartisch ein Kreuz zwischen zwei Leuchtern aufzustellen – darin spiegelte sich eine theologische Entwicklung, in der damals der Opfercharakter der Eucharistie und ihre Gleichsetzung mit dem Kreuztod Christi zusehend stärker betont wurde. Spürbar ist dabei auch noch der antike Brauch, das Bild des vergöttlichten Kaisers zwischen zwei Kandelabern aufzustellen.[12]

In unserem besonderen Fall, wo das Kreuz auf dem Altar auch ein Reliquiar war, erscheinen die Leuchter zu den Seiten besonders sinnvoll: sie brachten das Gold der heiligen Reliquie zum Leuchten. Daß die beiden Leuchter zur Kreuzreliquie gehörten, wird auch durch den Brauch zum später entstandenen Fronleichnamsfest bestätigt, an dem die Mönche von St. Michael in der Prozession dem silbernen Sarkophag Bernwards das Goldene Kreuz und die beiden Silberleuchter vorantrugen. So dürfen wir uns also an bestimmten Festtagen – zu denen ursprünglich wohl auch der Karfreitag mit seiner verbreiteten Kreuzverehrung gehört hat – auf dem Kreuzaltar der Michaeliskirche das große Kreuzreliquiar und die vergoldeten Silberleuchter zu seinen Seiten vorstellen.

Das große Licht kam aber von oben auf den Altar herab: über ihm hing ein Radleuchter aus Messing von der Decke. Auch dieser Radleuchter ging auf Bernward zurück. Schon für den Dom hatte er ja – wir kennen Thagmars Bericht – einen Radleuchter gestiftet, dessen Nachfolger, der sogenannte Heziloleuchter, heute noch dort hängt. Auch wenn wir noch andere prächtige Exemplare der Art – so in Aachen und der Comburg – kennen, so sind diese doch erst in der Folgezeit entstanden. Der Kunsthistoriker H. Sedlmayr vermutete deshalb geradezu, daß die „Lichtkrone eine geistige Schöpfung Bischof Bernwards" sei. Über das Aussehen des Radleuchters wissen wir wenig: eigentlich nur, daß in seiner Mitte „an einer starken Kette"[13] ein in vergoldetes Silber gefaßter Porphyrkrug herabhing, der von der Hochzeit von Kana stammen sollte. Solche Kanakrüge allein sind auch von anderen Orten bekannt (Quedlinburg, Magdeburg, St. Denis, Bobbio, Venedig u.a.). Der Kanakrug von Hildesheim gilt ähnlich wie die Kreuzreliquie (in der Überlieferung der Mönche) als ein Geschenk Ottos III. für Bernward. Daß die Mönche[14] nach der Zerstörung des Kruges als Ersatz ein ewiges Licht forderten, spricht dafür, daß der Krug als Lichtampel fungiert hatte. Die Stelle über dem Kreuzaltar müssen wir der Leuchterkrone schon allein wegen ihres Symbolcharakters zuweisen, der aus den erhaltenen Exemplaren bekannt ist. Der runde Leuchter symbolisiert die Lichtstadt des prophetischen und apokalyptischen Jerusalem, das vom Himmel zu den Menschen herabschwebt („Werde licht,

---

12 A. Alföldi. Die Ausgestaltung des monarchischen Zeremoniells am römischen Kaiserhof. In: Bullettino dell' Istituto archeologico Germanico. Sez. Roma. 49, 1934, S. 3–117: 114f; Abb. 10.

13 Abt Benedikt. Schreiben vom 1. Okt. 1676 (Die Klage des Michaelisklosters 1643–1723. Stadtarchiv Hildesheim XCI. Nr. 304. post fol. 138). Die vergoldete Silberfassung überliefert uns Georg Agricola. De natura fossilium 7, 7 (Basel 1546. S. 312. Dort auch Erwähnung unserer Marmorsäule).

14 Abt Benedikt. Schreiben vom 23. Okt. 1662 (wie vorige Anm. ohne Blattzahl)

Die beiden Bernwardleuchter

Jerusalem", Jes 60,1; vgl. Offb 21,11). Damit aber ist der Sinngehalt der Leuchterkrone aufs engste mit dem des christlichen Altars verbunden, der ja als Opferstätte des ewigen Hohenpriesters Christus geistig in der Mitte dieser Himmelsstadt zu denken ist.

Mit dieser Überlegung in Einklang zu bringen ist auch, was wir über die Zerstörung dieser Lichterkrone erfahren. Sie ereignete sich 1662, und zwar – dies mag zunächst verwirren – bei einer Renovierung, die in Gang kam, nachdem ein Vierteljahr zuvor der westliche Vierungsturm niedergerissen worden war:

> 1662, den 30. May wahr Freytag post Festum corporis Christi, als die Zimmerleute das sparwerck und balecken über dass Chor undt Kirchen gelegt, welches die Stadt den 20. Februar 1662 aus lauter Muhtwillen abgebrochen, haben sie die große messings Cron, welche in medio templi gehengt gehabt, und darunter Hydria ex cana Galilaeae, welche der heilige Bernwardus von Kaiser Ottone tertio bekommen, auffgehoben, undt alsbald wieder niederfallen lassen, das Cron und Krug zerschmettert worden.

So beklagt sich Abt Johannes VI und fügt hinzu, er selbst habe etliche Krugscherben für sich retten können, sowie „de corona einen Leuchter mit vier Bildern alß Beatae Mariae Virginis, SS. Johannis Baptistae et Evangelistae, S. Bernwardi" (daß auf dem Leuchterteil auch Bernward abgebildet war, könnte bedeuten, daß die Krone nach dessen Heiligsprechung noch eine Überarbeitung erfahren hatte). Für den Ort der Aufhängung aber weisen die Zeugnisse auf das östliche Langhaus hin. Zunächst scheint schon Johannes VI mit der „Kirchenmitte" („in medio templi") eine andere Stelle bezeichnen zu wollen als den – damals die Vierung mitumfassenden – Westchor. Noch klarer sagt eine Abtchronik, die Krone habe „im Schiff der Kirche gehangen".[15] Indirekt bestätigt wird uns dies durch die Zeichnung vom Westchor, die eigens dazu angefertigt wurde, um seinen Zustand vor dem Jahr 1662 in allen Einzelheiten festzuhalten: der Leuchter ist dort nicht abgebildet. Daß er aber andererseits zerbrach, als er bei der Renovierung von der Decke abgenommen werden sollte, bestätigt uns der Bürgermeister, der sich am 24. Oktober 1662 (Stadtarchiv Hildesheim XCI Nr. 303) folgendermaßen gegen den Vorwurf des Mutwillens verteidigt:

> Ob nun wohl bey Abnehmung der Cron und dessen eingehengten Kruges, nachdehm die Kette in einem Gliede, welches maßen augenscheinlich ist, sehr baufällig gewesen, und wohl zu verwundern, (daß) die Kette so lange dauren können, die Crone samt dem Kruge gantz unvermuthlich heruntergefallen, so ist doch solches nicht vorsetzlich sondern casu quodam ... geschehen, dannenhero auch Uns oder denen, welche sie wegen Auflegung neuer Balcken, nicht ohne Leibes und Lebens Gefahr herunter nehmen wollen, gar nicht zu imputieren.

Wo aber fanden diese Zimmermannsarbeiten statt? Wenn der Abt sagt, das neue Balkenwerk sei „über das Chor und Kirchen gelegt" worden, heißt dies wohl, daß sich die Deckenrenovierung über den westlichen Bereich hinaus in das Langhaus erstreckte. Dies stimmt damit überein, daß die Balken auch in der Umgebung des Leuchters erneuert wurden, der ja – wie wir wissen – sicherlich nicht im Chor hing. In der Tat sind am Balkenwerk des Langhauses (an dem die bemalte Holzdecke befestigt ist) erhebliche Erneuerungen des 17. Jahrhunderts festgestellt worden. Es war nun aber gerade der Osten, wo die Langhausdecke besonders baufällig geworden war. 1650 war die Ostapsis (kurz danach die Seiten-

15 Kratz 2. S. 101. Anm. 86. Dort auch der Bericht über die Zerstörung des Radleuchters. Die „schlichte Messingkrone", die im Westchor hing (Sommer S. 116. Anm. 39), ist schon durch die Art der Bezeichnung zum großen Radleuchter in Gegensatz gestellt. Es handelte sich offensichtlich um einen zweiten, kleineren Radleuchter, dem Thietmar-Leuchter im Dom vergleichbar.

apsiden) niedergelegt worden, worauf der Vierungsturm ohne Widerlager blieb und einstürzte. Dabei war auch das östlichste Feld der Bilddecke durch Steinschlag zerstört worden. Eben an dieser Stelle über dem Gemeinde- und ehemaligen Kreuzaltar war eine Erneuerung der Balken dringend nötig geworden. Wir können somit die Stelle, an welcher der Leuchter abgenommen werden mußte, dort bestimmen. Und richtig verzeichnete noch das Gemälde, das 1676 an die Stelle des zerstörten östlichsten Bildfeldes gesetzt wurde[16] (es zeigte Christus und Moses – der thronende Weltherrscher, den wir heute dort sehen, und der den originalen Bildinhalt sicherlich besser wiedergibt, geht auf die Renovierung des 19. Jahrhunderts zurück), mitten in der östlichen Rahmung ein Radkreuz, das ganz nach einem Aufhängungspunkt aussieht. Alles spricht also dafür, daß die Leuchterkrone einst am östlichen Ende des Langhauses vor dem Triumphbogen des Querschiffs angebracht gewesen war.

Der Ausdruck „in medio templi" („in der Kirchenmitte") wird zudem auch bei anderen Kirchen meist für den Ostteil und den Ort des Kreuzaltars verwendet.
Verbunden mit der symbolischen Typologie gibt uns dieser Bericht von seiner Zerstörung die weitere Gewißheit, daß der große Messingleuchter Bernwards mit dem in Silber und Gold gefaßten Krug über dem Kreuzaltar aufgehängt war.

Erhalten hat sich bis heute noch eine Scherbe des Kanakrugs[17], die der Domherr von Schnettlagen damals nach den Umrissen der ganzen Gefäßform in Silber einrahmen ließ (wahrscheinlich in Erinnerung der alten Silberfassung). Wir besitzen ferner eine Zeichnung von Scherbe und Umriß (Abb. S. 33), die vermutlich dem Silberschmied als Vorlage diente und uns die Form des Kruges noch besser überliefert.[18] Wie das Material Porphyr weist auch die Form auf die mittelmeerische Antike.

Vor und hinter dem Kreuzaltar aber war je eine Säule aufgestellt. Östlich hinter ihm stand die bronzene Christussäule, westlich davor „am Zugang zum Presbyterium"[19] eine Marmorsäule. Nach den Berichten war sie oben und unten mit Messing beschlagen. An ihrem oberen Aufsatz trug sie einen Leuchterkranz und eine Marienstatue.[20] Als im Jahr 1543 die Bilderstürmer die Kirche plünderten, wurde sie gestürzt und der Beschläge beraubt.[21] Der Schaft wurde oben beschädigt, blieb aber erhalten und steht heute vor der nahen St. Magdalenenkirche. Wir wissen, daß er früher vier Hildesheimer Ellen (224 cm) hoch gewesen ist.

Diese Marmorsäule galt ebenfalls als ein Geschenk Ottos III.[22] Sie soll einst die Irminsäule gewesen sein, das berühmte Kultmal der heidnischen Sachsen, das Karl der Große gestürzt hatte. Eine andere Überlieferung sagt, sie habe ursprünglich im Holsteiner Oldenburg ein Bild des Slawengottes Prone getragen, bis sie von Otto dem Großen (der das Oldenburger Bistum errichtete) gestürzt worden sei. Durch den Oldenburger Bischof Benno, der flüchten mußte und von Bernward aufgenommen worden war, sei sie schließlich nach Hildesheim gelangt. (Benno ist auch unter den Konsekratoren bei der Kloster-

---

16 Bei H. Cuno. Die Decke der S. Michaeliskirche zu Hildesheim. Hildesheim 1889. S. 3

17 Hildesheim. Domschatz Nr. 5

18 Hildesheim. Beverina. Hs. 298,2. S. 41. Hier zum ersten Mal publiziert.

19 Bötticher S. 7

20 Bötticher S. 7; Kratz 2. S. 94. Anm. 73. Ein von den Mönchen des Klosters herausgegebener „Gründlicher Bericht vom Leben und Tode des Hl. Bernwards" (Hildesheim 1767. S. 61; nach anderer Ausgabe S. 73) sagt von dieser Marmorsäule, Bernward habe sie „zu Ehren der jungfräulichen Mutter Maria" errichtet und „mit einem köstlich von ihm ausgearbeiteten Aufsatze gekrönt". Als im Jahr 1766 die gestürzte Säule im Kreuzgang wiederaufgerichtet war, wurde diese, wie es dort heißt, „also wieder eine Stütze eines Mutter Gottes Bildes, wie sie zuvor gewesen war". In liturgischer Hinsicht gehörte die Marmorsäule also offensichtlich auch zum Marienaltar. Gerade über dem alten Standort der Marmorsäule liegt auf der Bilddecke das Feld mit der Maria mit der Spindel (Verkündigung).

21 Damals wurde auch das edelsteingeschmückte Bernwardsgrab geplündert. Die Mönche kolportierten dazu die Schauerlegende, dem Plünderer sei vor der Kirche das Gespenst Bernwards im Bischofsgewand erschienen und habe ihn durch seinen Anhauch erblinden lassen (Bötticher S. 72).

22 Abt Johann VI. Hildesheim. Beverina. Hs. 287. S. 2.

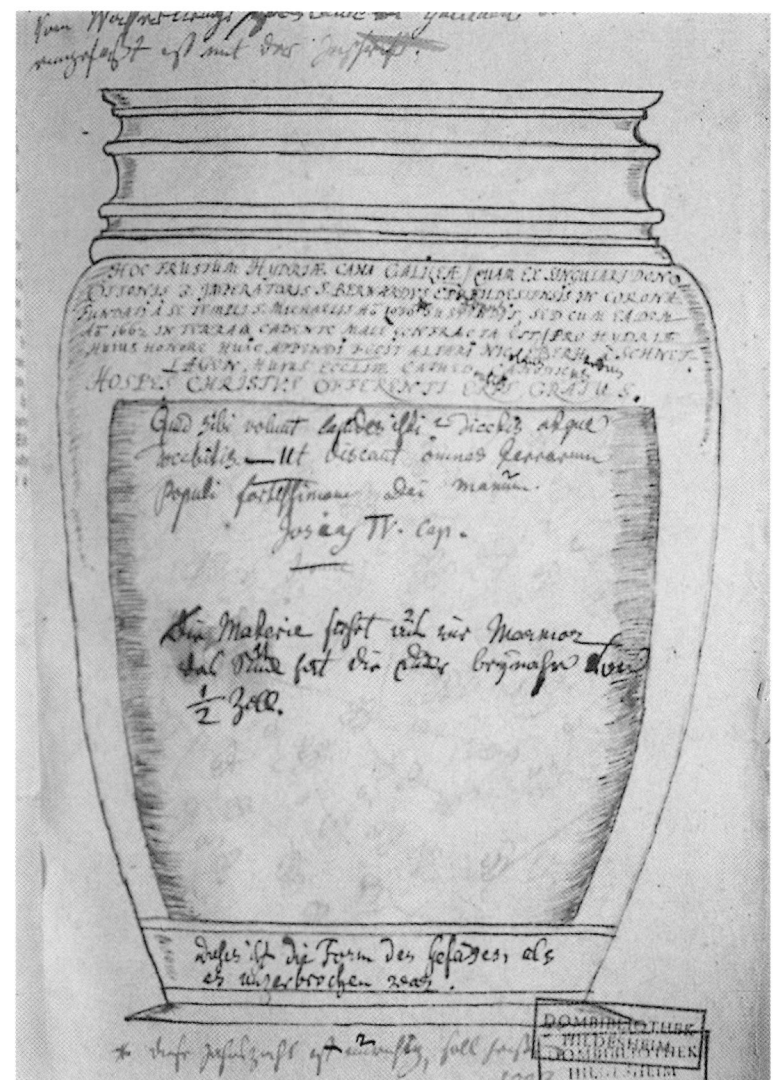

Links: Michaeliskirche, Holzdecke vom Ende des 12. Jhs. mit den Erneuerungen von 1676. Am östlichen Rahmen ist noch das Radkreuz sichtbar, das die Aufhängung der Leuchterkrone anzeigt (Zeichnung von F.C. Heimann).

Mitte: Kanakrug von Bernwards Radleuchter in der Michaeliskirche. Zeichnung des 17. Jhs. (Vorlage für die Silberfassung der erhaltenen Scherbe)

Rechts: Scherbe vom Kanakrug. Die Silberfassung deutet die alte Form an.

Mariensäule mit dem Marmorschaft der bernwardinischen Mariensäule aus der Michaeliskirche. Heutiger Standort: Hildesheim, vor St. Magdalenen.

weihe von 1022 genannt. Sein Grab lag unweit der Säule im Nordosten der Kirche.) Diese Überlieferungen klingen in ihrem größeren Teil nach Legende.

Der Sturz heidnischer Götzensäulen bei der Ankunft des Christentums gehört jedenfalls zu den alten Wandersagen. Bei unserer Säule, die aus Marmor besteht, wird es aber vollends unglaubhaft, daß sie in der Tat aus den Landen der alten Sachsen oder der Nordwestslawen kommt. Marmor ist ein Gestein, das erst in den Alpen und weiter südlich vorkommt, wobei in unserem Fall der Stein (nach dem Urteil der Mineralogen) auch nicht aus einem Marmorbruch Italiens stammt, sondern eher aus einem südöstlichen Vorkommen. Die Vermutung liegt also nahe, daß unsere Hildesheimer Marmorsäule ursprünglich zu einem antiken Bauwerk gehörte.

Die antiken Marmorsäulen, die Karl der Große nach Aachen und Otto der Große nach Magdeburg schaffen ließen, sind heute noch an diesen Orten zu sehen. Mit der Übersiedlung dieser Säulen war dabei ein besonderer, kaiserlicher Anspruch verbunden: die Herleitung des eigenen Herrschertums aus der Heimat dieser Säulen, dem antiken Römerreich und die Einrichtung einer neuen Metropole nach dem Vorbild Roms. Der Vergleich mit den kaiserlichen Säulenimporten Karls und Ottos des Großen macht die Überlieferung noch glaubhafter, daß auch diese Marmorsäule durch einen Kaiser in den Norden gelangte.

Eine Säule vor dem Altar ist – im Gegensatz zu einer dahinterstehenden – recht ungewohnt. Eine einzige Parallele ist noch einmal in Hildesheim selbst zu finden: am Dom war bis zur Zerstörung des Zweiten Weltkriegs vor dem Kreuzaltar, der dort auf einem Absatz der Chorstufen stand, eine Säule aus Kalksinter aufgestellt (sie steht heute auf der südlichen Querhausempore). Sie hatte früher einen Dorn zum Halten eines Lichtes getragen; später setzte man auf sie einen Leuchterkranz und eine Marienstatue – vielleicht nach dem Vorbild von St. Michael. Zwischen diesen beiden Steinsäulen zog auch die Legende eine Verbindung: neben unserer Marmorsäule wurde die Altarsäule des Doms als einstiges Zwillingsstück der sächsischen Irminsäule betrachtet, das schon durch Ludwig den Frommen, den Gründer des Doms, in diesen gelangt sein soll (in Wahrheit stammt sie aus dem 12. Jahrhundert).[23] Der große Kronleuchter des Hildesheimer Domes wurde hier bereits genannt. Es ist gut möglich, daß dabei die so charakteristische Kreuzaltaranlage der Michaeliskirche auf die Gestaltung des Domchors wirkte. Jedenfalls sind beim Wiederaufbau des abgebrannten Doms in der zweiten Hälfte des 11. Jahrhunderts (durch den er seine heutige Gestalt erhielt) auch architektonische Anleihen aus der Michaeliskirche bemerkbar.

Risse, die 1738 im Prozeß um die Niederlegung der Säule angefertigt wurden[24], zeigen uns noch Reste dieser Anlage. die sich westlich vom Triumphbogen des östlichen Querschiffs erhalten hatte, während der östlichste Teil ja schon den Veränderungen des 17. Jahrhunderts zum Opfer gefallen war. Auf der Höhe der zweitvordersten Langhaussäulen

23 Hildesheim. Beverina. Hs. 142.72v; ähnlich Bötticher S. 7.
24 Geheimes Staatsarchiv Preußischer Kulturbesitz. Abteilung Merseburg „Prozeß des Michaelisklosters zu Hildesheim gegen die Michaeliskirche wegen einer Säule, 1738" Blatt 16 und 18. Bestand Rep. 50, Konv. 27. Kopien dieser Pläne aus dem Jahr 1917 besitzt das Stadtarchiv Hildesheim (C. Nr. 89/559a).

erhebt sich ein Chorraum, ein „Presbyterium", zu dem zwei Stufenaufgänge emporführen. Die Lokalisierung Bötticher, nach der die Marmorsäule „im Eingang des Presbyteriums" stand, bietet damit eine präzise Aussage: der Ort der Marmorsäule war – der Situation im Dom ähnlich – zwischen den beiden Aufgängen aufgestellt. Der Kreuzaltar – damals der protestantische Gemeindealtar mit dem Flügelaufsatz der Brüder Elffen – ist auf den Rissen noch vor dem Triumphbogen zu sehen, und zwar genau an dem Ort, über dem wir die Aufhängung des Radleuchters bestimmen konnten. Die Bronzesäule ist in der Mitte der Ostvierung gezeigt, wohin sie in den Jahren 1667–1773 versetzt war. Bemerkenswert auf diesen Plänen ist auch die Kanzel am nordöstlichsten Pfeiler des Langhauses.[25] Stellen wir uns nämlich vor, daß an dieser Stelle schon in der bernwardinischen Anlage ein hoher Ambo aufgestellt war, so können wir endlich verstehen, warum bei der allgemeinen Umgestaltung der Langhaussäulen am Ende des 12. Jahrhunderts ausgerechnet die beiden nordöstlichsten Säulen ausgelassen wurden und noch bis heute ihr bernwardinisches Gesicht zeigen: durch ihre Stellung hinter dem Ambo blieben sie den Blicken entzogen und machten eine Modernisierung überflüssig.

25 Ein von V.C. Habicht (Die mittelalterliche Plastik Hildesheims. Alt-Hildesheim 2. 1920. S. 30. Abb. 16) gezeigter Aufgang aus dem frühen 16. Jh. gehörte wohl zu dieser im Plan von 1738 eingezeichneten Kanzel. (Diese einst im Andreas-Museum aufbewahrten Reliefplatten sind heute in die Mauern des Innenraums von St. Michaelis eingelassen.)

Die Christussäule

Das Schicksal der Christussäule

Das bedeutendste Stück der Kreuzaltaranlage war die große Bronzesäule, die Christussäule. Von ihr sind uns noch der Schaft und die Basisplatte erhalten, die je aus einem einzigen Stück gegossen sind und zusammen 379 cm messen (der Durchmesser des Schaftes ist 58 cm).[26] Dieser Rumpf steht heute nicht mehr an seinem angestammten Ort, sondern im nördlichen Querhaus des Doms. Ursprünglich aber war die Säule in der Michaeliskirche aufgestellt, und zwar östlich hinter dem Kreuzaltar, gerade unter dem Triumphbogen. Der Schaft trug damals noch einen hohen Aufbau: auf ihm saß ein „höchst kunstvoll gearbeitetes" Kapitell aus Bronze – das Kapitell, das wir heute hier sehen, ist nicht mehr das originale – und darüber ein großes, ebenfalls in Bronze gegossenes Kreuz mit der Figur des Gekreuzigten.

Im Jahr 1351 errichtete Abt Heinrich von Wendthausen über dem Kreuzaltar eine Tafel, auf der die Passion Christi dargestellt war (Bötticher, S. 6; 35). Erhalten ist der Nachfolger dieses Altaraufsatzes aus dem frühen 16. Jahrhundert, nämlich der von den Gebrüdern Elffen (beide Mönche von St. Michael) geschnitzte Holzflügelaltar, der Szenen aus der Passion Christi zeigt, wobei das hochaufragende Kreuz die Mittelachse bildet. Der „Elffenaltar" gelangte zu Beginn des vorigen Jahrhunderts (wie die Marmorsäule) nach St. Magdalenen und ist dort (neben den Reliquien Bernwards) noch heute in der Kirche zu sehen. Obwohl erst in spätgotischer Zeit entstanden, kann uns dieser Schnitzaltar hilfreich sein, wenn wir uns die Maße der bernwardinischen Anlage vorstellen wollen. Auf dem Kreuzaltar errichtet, stand der „Elffenaltar" mit seiner zentralen Kreuzigung direkt vor der Christussäule.

Mit den Reformationswirren begannen zweieinhalb Jahrhunderte der Auseinandersetzung zwischen Kloster und Stadt um die Instandhaltung des Kirchengebäudes und seiner Einrichtung. Die Kirche selbst war durch die Reformation lutherische Pfarrkirche geworden, während den Mönchen die Krypta und die Klostergebäude verblieben waren. Den Mönchen oblag zunächst die Erhaltungspflicht über die Kirche noch weiter. Aber auch, als die Kirche durch den Westfälischen Frieden zum Eigentum der Stadt geworden war, blieben die Mönche stets darauf bedacht, daß das Werk ihres Klostergründers nicht angetastet werde. So reißen bis zur Säkularisation – bei der das Kloster und auch die lutherische Pfarrgemeinde aufgehoben wurden – die Beschwerden der Äbte nicht ab, die sich über mutwillige Zerstörung beklagen, und ebensowenig die Rechtfertigungsschreiben der Bürgermeister, die von Einsturzgefahren und nötigen Schutzmaßnahmen sprechen. Dabei erfahren wir auch manches über die Bernwardsäule, die gerade in dieser Zeit erheblich in Mitleidenschaft gezogen wurde. Im Jahr 1544 rissen die Bilderstürmer, die schon ein Jahr zuvor die Marmorsäule gestürzt und entkleidet hatten, von der Bronzesäule das große Kreuz herunter und schmolzen es ein. Wenn in Chroniken des 17. Jahrhunderts von einer „Fackel", einem Holzscheit die Rede ist, das als Erinnerung an den Kirchenbrand von 1033 auf der Christussäule ausgestellt sei, handelt es sich vermutlich um den Pflock, mit dem das Kruzifix auf dem Kapitell befestigt gewesen war. Nach Normalisierung der

26 Eine Wägung vom Jahr 1804 ergab für den Schaft das Gewicht von 60 Zentnern, für die Grundplatte von 8 Zentnern. Die Messungen der Metallzusammensetzung erbrachten wegen der Verschiedenheit der Proben bisher zwei etwas voneinander abweichende Ergebnisse (bei Wesenberg S. 181):

nach Masuhr 21:		*nach Herzig, Denkmalpflege 1907, 56:*	
Kupfer	76,24	Kupfer	69,77
Zinn	14,10	Zinn	23,68
Blei	6,92	Blei	5,34
Zink	0,64	Eisen	0,38
Eisen	0,04	Arsen	0,21
		Zink	0,20
		Nickel	0,14

Zustände wurde der Kreuzaltar zum Gemeindealtar der Lutheraner (der Westchor wurde zunächst noch von den Mönchen genutzt). Als nach dem großen Einsturz von 1650 der östliche Vierungsturm in einen hohen Barockturm umgebaut wurde, kam der Kreuzaltar direkt an die neuerrichtete Stützmauer zu stehen, die nun den Triumphbogen des Querhauses verschloß. Die Bronzesäule wurde deshalb 1667 in die Mitte der Ostvierung unter den neuen Turm versetzt und damit vom Altar gelöst.[27] Im Jahr 1676 schmolz man das Bronzekapitell ein, um es für den Neuguß der großen Glocke zu verwenden. An seine Stelle kam ein hölzernes Kapitell.

Im Jahr 1723 wurde die restliche Säule niedergelegt, weil sie, wie man behauptete, niederzustürzen drohe. Der Rat wollte sie 1737 einschmelzen lassen – sie kam sogar auf die Waage und war schon für 30 Reichstaler verkauft, als der Abt Klage beim Reichskammergericht erhob. Auch im Rat war die Meinung nicht ungeteilt. Der Bürgermeister bezeichnete es sogar als ein „Unglück für die Stadt", würde man verkaufen, „was des heiligen Barwardi hände gemacht". Als schließlich das Gericht für die Erhaltung der Säule entschied, legte man diese in der Sakristei ab.

Im Jahre 1810, bald nach der Säkularisation, stellte man sie auf dem Hof vor dem Dom im Freien auf.[28] Dabei wurden von der Jugend des benachbarten Gymnasiums die Paradiesflußfiguren auf der Grundplatte schwer lädiert – eine ging dabei völlig, an zweien der Kopf verloren, so daß heute nur noch eine dieser Figuren ganz erhalten ist.

1874 erhielt die Säule dort durch den Bildhauer Friedrich Küsthardt ihr neues Kapitell. 1893 schließlich wurde sie – um weitere Beschädigung zu vermeiden – an ihren heutigen Standort im Dom verbracht. Ein Kreuz nach der Gestalt des Großen Bernwardkreuzes, das man auf dieses Kapitell stellte, ist heute wieder entfernt. Schaft und Grundplatte sowie das moderne Kapitell von Küsthardt überstanden schließlich in der Auslagerung den großen Luftangriff vom 22. März 1945, bei dem zusammen mit dem größten Teil der alten Stadt auch der Dom völlig zerstört wurde.

Die von einem Kreuz gekrönte Säule hinter dem Kreuzaltar kennen wir auch von anderen Kirchen (z. B. St. Germain des Prés in Paris). Erhalten von ihnen ist noch die Marmorsäule mit antikem Kapitell, auf dem einst ein Kruzifixus stand, im Münster von Essen. Wenn in Essen das Bild des Gekreuzigten mit Kupferblech beschlagen und Reliquien darin eingelassen waren, fällt die Ähnlichkeit mit den Nachrichten über das Kreuz unserer Christussäule auf. Überhaupt scheint die Einrichtung des Essener Münsters, die um die Jahrtausendwende geschaffen wurde, in mancher Hinsicht das Vorbild für die Ausstattung der Hildesheimer Michaeliskirche abgegeben zu haben (so im Zitieren des salomonischen Tempels und der Grabeskirche, wie wir noch genauer sehen werden).

An der Säule Bernwards springt aber auch noch ein anderes Vorbild ins Auge. Das spiralförmige Reliefband mit den Szenen aus dem Leben Christi stellt sie in die Nachfolge der antiken Triumphsäulen[29], die in der gleichen Weise die Kriegstaten des siegreichen Kaisers

---

[27] Nach einem Schreiben des Rates der Stadt vom 17.1.1701 bei einem Rechtsstreit mit dem Kloster (zitiert bei: A. Kottmeier. Die Michaeliskirche in der Zeit vom Westfälischen Frieden bis zu ihrer Aufhebung im Jahre 1809. In: Alt-Hildesheim 12. 1933. S. 26–32:29). Eine Hildesheimer Chronik (Hildesheim. Beverina. Hs. 298,1. S. 43) vermerkt zum Standort der Bronzesäule: „olim in navi Ecclesiae erecta est, modo procumbet sub turri".

[28] Nach Aufhebung der evangelischen Gemeinde (1809) wurde die Bronzesäule von Hofrat Franz Anton Blum im Auftrag von Bischof Franz Egon von Fürstenberg erworben.

[29] Nach dem römischen Vorbild waren auch in Konstantinopel zwei hohe Säulen mit einem Reliefband errichtet: die der Kaiser Theodosios d. Gr. (386) und Arkadios (403).

Links: Die Bernwardsäule mit dem Kapitell von 1871 an ihrem heutigen Platz im Hildesheimer Dom (seit 1893).

Rechts: Die Trajanssäule in Rom. Stahlstich, 19. Jahrhundert

Bernwardsäule: Paradiesfluß an der Grundplatte

abbildeten und von dessen Statue bekrönt waren. Bei seinem Besuch in Rom hat Bernward sicherlich die Trajans- und die Mark-Aurel-Säule, die diesen Typus vertreten (freilich viel höher und in Stein), gesehen. Wenn er seiner Kreuzsäule diese Gestalt der Triumphsäule gab, auf der die Taten des Triumphators nun durch die des öffentlich wirkenden Christus, die Kaiserstatue durch das Bild des Gekreuzigten ersetzt sind, wollte er damit sicherlich seine besondere Auffassung vom menschgewordenen Gott zum Ausdruck bringen.

Die Verbindung von Kreuz- und Kaisersäule selbst ist freilich schon älter.

Säulenkreuze zeigte man schon früh im Heiligen Land an mehreren Stätten, so eines an der Stelle am Jordan, wo Jesus von Johannes getauft worden sein soll, und die Geißelsäule Christi in der Sionkirche.

Wir hören auch von Säulenkreuzen, die Kaiser Konstantin in Byzanz auf mehreren freien Plätzen aufstellte. Eines davon – auf dem Philadelphion – trug ein edelsteingeschmücktes Kreuz, das nach dem Kreuz gebildet war, das der Kaiser in seiner berühmten Vision[30] am Himmel gesehen hatte („in hoc signo victor eris"). Damit hatte das Säulenkreuz gleichzeitig auch die Aufgabe der römischen Triumphsäule übernommen. So sagt sein Biograph Eusebios von Konstantin auch in der Tat, er habe „Triumphsäulen errichtet, um die Würde des Kreuzes zu verbildlichen".

Den Ort in der Kirche hinter dem Altar erhielt das Säulenkreuz allerdings erst später. Ein Vorbild bestand vermutlich in der „Heiligen Säule" unter dem Triumphbogen von Alt-St. Peter, die als die Geißelsäule Christi angesehen wurde.

Ein großes Triumphkreuz hinter dem Kreuzaltar ist schon auf dem St. Galler Klosterplan von 829/30 erkennbar. Die Verbindung mit der Kreuzsäule scheint als Typus freilich erst kurz vor der Zeit Bernwards Verbreitung gefunden zu haben. Wenn wir auch die hinter einem Altar aufragende Säule als bildloses (anikonisches) Kultmal schon von der heidnischen Antike her kennen, so steht das Säulenkreuz hinter dem christlichen Altar in Verbindung mit der besonderen Auffassung von der Eucharistie als der Wiederholung des Kreuzestodes Christi, wie sie sich in der ottonischen Zeit immer stärker durchsetzte. In diesem Zusammenhang erhielt das Säulenkreuz die gleiche Bedeutung wie das Altarkreuz: vor Augen gestellt werden sollte im Gottesdienst, der am Altar gefeiert wurde, der Charakter des Opfers. Dabei war das Kreuz sogar noch wichtiger als der Altar selbst. Der Liturgiewissenschaftler Joseph Braun bezeichnet das Kreuz schlichtweg als „die Hauptsache" des liturgischen Raumes.

Die Kreuzsäule der Michaeliskirche, die hinter dem zentralen Altar stand, kann aber in ganz besonderer Weise als Mittelpunkt des ganzen Kirchenraumes gelten, auch weil sie in ihrer Größe über das Gewohnte hinausgeht. Weiterhin stach sie auch durch die Anspielung auf die gewaltigen Kaisersäulen heraus, von der wir bei den anderen Altarsäulen nichts finden.

30 Laktanz. De mort. pers. 44; Eusebius. Vita Constantini 1,26ff.

Die Bestimmung, Zentrum des Kirchenraumes zu sein, liegt im Symbol des Kreuzes Christi selbst, in welches auch das alte mythologische Bild von der Weltsäule eingegangen ist, auf welcher der ganze Kosmos ruht. Ist doch der mittelalterliche Kirchenbau als Sinnbild des Weltganzen angelegt, in dem Christus selbst die tragende Mitte ausmacht: „‚Der Herr ist König vom Holze aus. Den Erdkreis hat er zurechtgesetzt, daß er nicht wankt'. Deshalb kam Christus und setzte die abgeirrte Menschheit zurecht, damit sie in Ewigkeit nicht wanke. Das Kreuz nämlich ist die Säule des Menschengeschlechtes. Auf dieser Säule ist sein Haus errichtet" (Hieronymus – Über den 96. Psalm).

Wegen dieser Bedeutung als Weltmitte wurde das Kreuz schon früh mit dem Lebensbaum gleichgesetzt, der einst am Quellort der vier Ströme in der Mitte des Paradieses aufwuchs. Auf diesen Lebensbaum verweisen bei uns die vier allegorischen Figuren der Paradiesflüsse mit Wasserkrügen an den Ecken der Grundplatte. (Solche Figuren am Sockel eines Bronzewerkes finden wir auch sonst. Schon der aus Bronze gegossene Pinienzapfen von Aachen zeigt an seinen vier Grundecken die Paradiesflußfiguren. Die silberne Erkanbaldkrümme, die aus den Werkstätten Bernwards stammt, stellt gleichsam eine aus den Paradiesflußgestalten nach oben wachsende Pflanze dar. Verwandt sind ihnen die drei aufblickenden männlichen Figuren an den Sockeln der Silberleuchter Bernwards.)

Eine andere mythische Säule, mit der man Christus gleichsetzte, war ein beweglicher Ziel- und Mittelpunkt: die Lichtsäule Gottes, welche die Israeliten tags als Rauch, nachts aber als Feuer auf ihrer vierzigjährigen Wanderung in das verheißene Land führte und in der Stiftshütte des Mose (später im Tempel) auf dem Thron der Bundeslade erschien, um die Anwesenheit Gottes anzuzeigen: „Der Rauch, der voranging, ist Christus. Er ist auch die Säule: steht er doch aufrecht und fest und trägt Licht in unsere Schwachheit" (Isidor). „Christus aber ist die Säule wegen des Kreuzes" (Hieronymus).

Am Beginn des 12. Jahrhunderts wird dann ein sächsischer Scholastiker, Hugo von St. Victor aus Blankenburg im Harz, den menschgewordenen Christus als die tragende Mittelsäule des geistigen Kirchenbaus bezeichnen, und zwar im Bild der Arche Noah, in der das Kreuz den großen Mastbaum bilde.

So symbolisiert die Säule in der Mitte des Kirchenraumes den Menschgewordenen als das Zentrum des Weltalls: „Durch ihn und auf ihn hin ist alles geschaffen" (Kol 1,16). Diesem Sinn folgt auch die Bebilderung der Hildesheimer Christussäule, die in aufsteigender Reliefspirale in 24 Szenen das öffentliche Leben Jesu schildert und einst vom Bild des Gekreuzigten gekrönt war.

Eine 6 cm breite Spirale umwindet den Schaft achtfach in linksläufiger Richtung. Dazwischen läuft das etwa 45 cm breite Reliefband. Hinter mehreren verschiedenen Handwerkerhänden, die zu erkennen sind, erscheint in diesen Reliefs der Gesamtentwurf völlig einheitlich.

Das Reliefband

„Das Leben Jesu mit den vorherbestimmten Zeugen des Alten Bundes" zeigte die spätere Kreuzsäule des Abtes Suger in der Kirche von St. Denis auf ihrem kupferbeschlagenen Schaft: eine ganz ähnliche Thematik. Leider ist Sugers Säule nicht mehr erhalten, so daß wir nicht wissen, ob sie unserer Säule auch sonst näher vergleichbar war. Jedenfalls aber sehen wir, daß das Leben Jesu auch anderswo Bildthema der hinter dem Altar stehenden Kreuzsäule gewesen ist.

Bildzyklen des Jesuslebens gehören natürlicherweise zum Grundrepertoire christlicher Kunst. Die Vorbilder unserer Reliefs haben wir vor allem in der Buchmalerei zu suchen. Es war auch gerade die ottonische Zeit, in der die Illustratoren der liturgischen Lesebücher, der Evangeliare und Perikopenbücher, sich zu bemühen begannen, über die vierfache Wiederholung der Evangelisten oder über die fortlaufenden Leseabschnitte des Kirchenjahres hinweg eine geschlossene Bildfolge des Jesuslebens zu geben. Es finden sich die nächsten Parallelen für die Bilderzählung unserer Säule in der zeitgleichen Buchmalerei, so im Nürnberger „Codex aureus" (1020–1030), vor allem aber in den Handschriften der berühmten Reichenauer Schule. Bezeichnenderweise sind es unter den Reichenauern gerade die beiden für Otto III. geschaffenen Bücher, deren Bebilderung bestimmte Besonderheiten mit den Reliefs der Christussäule teilt: das Münchener und das Aachener Evangeliar Ottos III. Wir sehen in München etwa die seltene Verfluchung des Feigenbaumes wieder, in Aachen die nicht weniger seltenen Szenen des Johannes vor Herodes und Herodias und des Zachäus im Feigenbaum (weitere Reichenauer Parallelen finden wir auch im Perikopenbuch Heinrichs II. und im „Codex Egberti").

Stilistisch am nächsten aber steht das „Kostbare Evangeliar" aus Bernwards eigener Schreibwerkstatt. Auch viele Einzelheiten ähneln sich dort auffallend: Gewandfalten, Köpfe, ja sogar die Tische, unter denen die Füße der daran Sitzenden nicht zum Vorschein kommen. Thematisch hingegen scheint Bernward die Bilder des Evangeliars fast in einer Ergänzung zur Reliefserzählung seiner Säule angelegt zu haben. So zeigt es beispielsweise die Szenen der Geburt des Täufers Johannes, die Säule aber dessen Lebensende.

Noch auffallender ist die thematische Ergänzung der Bronzetür Bernwards, auf der im Jesusleben gerade der Abschnitt ausgespart bleibt, den das Reliefband der Säule erzählt. Aber auch künstlerisch stehen sich die beiden monumentalen Bronzewerke sehr nahe. So lassen sich selbst viele Figuren der Türreliefs zwar mit geänderter Bedeutung, aber fast gleicher Gestaltung auf der Säule wiederfinden: dort der opfernde Kain – hier der Paradiesfluß der Grundplatte, dort der Engel der Verkündigung – hier der Christus bei der Erweckung des Lazarus.

Besonders frappant aber gleichen sich zwei Bilder Christi: dort im Verhör – hier in der Verklärung. Auch im Reliefstil selbst gibt es enge Zusammenhänge. Rudolf Wesenberg, ein Kenner der plastischen Werke Bernwards, vermag allerdings auch Unterschiede festzustellen. Die Bilder der Säule zeigen eine größere Raumtiefe, die Figuren haften fester am Grunde, haben einen festeren Stand und sind dichter zusammengestellt; die Körper wirken weniger plastisch sondern durch die darübergezogenen scharfen Faltenlinien „entmaterialisiert". Trotz der beinahe vollplastischen Bildung der Figuren seien die Reliefs der Bronzetür eher malerisch, während auf der Christussäule ein „einheitlicher Reliefstil" mit einer „klaren Zweischichtigkeit" von gleichbleibender Reliefhöhe und Grund bestehe. Wesenberg sieht in dieser Andersartigkeit des Reliefstils das Ergebnis einer fortschreitenden Entwicklung. Deshalb ist er davon überzeugt, daß zwar noch teilweise dieselben Meister am Werk waren, die Säule aber später als die Tür geschaffen wurde.

Gegen solche Überlegungen könnten wir einwenden, daß die beiden Kunstwerke in ihrer unterschiedlichen Form nicht allein auch unterschiedliche technische Anforderungen für den Gießer bedeuteten, sondern daß sie auch auf den Betrachter optisch recht anders wirken, und von da aus ihre Reliefs nicht ohne weiteres miteinander verglichen werden dürfen. Dennoch: die Türflügel wurden der Inschrift nach im Jahr 1015 aufgehängt, die Säule aber fand ihre Aufstellung im Langhaus der Michaeliskirche, das wohl erst mehrere Jahre nach 1015, dem Jahr der Kryptenweihe, fertiggestellt worden ist. Wir werden kaum fehlgehen, wenn wir das Entstehungsdatum der Bronzesäule kurz vor 1022, dem Jahr der Gesamtweihe, ansetzen.

Es ist also wahrscheinlich immer dieselbe Gießerei am Werk gewesen, die sehr bald nach der Fertigstellung der Türen die Arbeit an der Säule aufnahm.

Die Reliefs beider Werke weisen deshalb mehr oder weniger auch die Spuren gleicher plastischer Vorbilder auf: der Steinfiguren der Fassade von St. Pantaleon zu Köln, des Goldantependiums von Aachen, aber auch der früheren Kleinkunst karolingischer Elfenbeine. Besonders beachtenswert sind dabei die noch älteren Anklänge an die frühchristliche Sarkophagkunst, die so weit gehen, daß wir eine direkte Beeinflussung durch antike Kunstwerke nicht ausschließen können. Dies gilt zum einen für die Bronzetür: zum stürzenden Abel und zur Gruppe der Stammeltern am Paradiestor finden wir nahe Parallelen auf dem Sarkophag der Kaiserin Helena und auf einem Sarkophag der Katakombe von S. Sebastiano („Lotsarkophag"). Typische Merkmale frühchristlicher Sarkophagreliefs sind aber auch an der Säule beobachtet worden. Wesenberg zählt auf: große Figurendichte, Vorliebe für die Wunder Christi, fortlaufende Erzählweise, Art der Vegetations- und Architekturelemente, Eingespanntsein des Figürlichen zwischen oberer und unterer Begrenzung, flüchtige Faltentechnik an den Gewandfiguren. Auch Einzelheiten wie die starren Segel der Schiffe scheinen direkt von dorther zu kommen. Ein unmittelbar frühchristliches Vorbild vermutet Wesenberg auch für die Gestalt des Petrus auf dem See mit ihrem Stellungsmotiv, wobei er in der „gepunkteten" Bartbehandlung eine Nachahmung der antiken Bohrtechnik sieht.

Bei all diesen Ableitungen dürfen wir freilich nicht vergessen, wieviel Antikes sich auch auf dem Weg der mittelalterlichen Bildtradition bis in diese Zeit bewahrt hatte. Bereichert worden war diese Tradition noch durch die karolingische Renaissance, nicht weniger aber auch durch die – damals weit nach Italien hineinreichende – byzantinische Kunst, die ebenfalls antikes Erbe weiterführte und unter Theophano und Otto III. verstärkten Einfluß gewonnen hatte. Die zentrale Szene des Schaftes, Christi Verklärung, ist jedenfalls ein betont byzantinisches Bildthema.

Immerhin fällt auf, daß bei Bernward antike Elemente weit häufiger auftreten als bei den Zeitgenossen. Darin deutet sich offensichtlich die Tendenz zu einer neuen Renaissance an. Bedenken wir dazu, daß auch der Typus der Triumphsäule selbst direkt aus dem antiken Rom stammt, so können wir auch für einen Teil seiner anderen antiken Bildzitate vermuten, daß Bernward sie unmittelbar von dort übernommen hat.

Die einzelnen Szenen
des Reliefbandes

Die Taufe Christi im Jordan

Zu dieser Zeit kam Jesus von Galiläa an den Jordan zu Johannes, um sich von ihm taufen zu lassen. Johannes aber wollte es nicht zulassen und sagte zu ihm: Ich müßte von dir getauft werden, und du kommst zu mir? Jesus antwortete ihm: Laß es nur zu! Denn nur so können wir die Gerechtigkeit (die Gott fordert) ganz erfüllen. Da gab Johannes nach. Kaum war Jesus getauft und aus dem Wasser gestiegen, da öffnete sich der Himmel, und er sah den Geist Gottes wie eine Taube auf sich herabkommen. Und eine Stimme aus dem Himmel sprach: Das ist mein geliebter Sohn, an dem ich Gefallen gefunden habe.

Mt 3,13–17 (vgl. Mk 1,9–11; Lk 3,21–22; Joh 29–34)

Im untersten Zwickel des Spiralbandes hockt eine Figur mit einer Urne, der Wasser entströmt. Es ist der personifizierte Fluß Jordan. An der entsprechenden Stelle der römischen Trajanssäule, wo die Überquerung der Donau durch die kaiserlichen Truppen gezeigt wird, sehen wir in ähnlicher Weise den Gott des Stromes aus den Wogen tauchen: ein Beweis dafür, daß unserem Säulenmeister die Säule des Trajan das Hauptvorbild war. Die Jordanfigur vervollständigt die Flußfiguren, die sich auf der Grundplatte befinden, zu einer Fünfzahl. Dies läßt daran denken, daß die Kirchenväter die Paradiesquelle mit dem sakramentalen Taufwasser gleichsetzten. Durch sein steiles Emporblicken deutet Jordan auf unserer Säule auch – wie wir noch genauer sehen werden – die Achse der rückwärtigen Front an.

Der Engel, der mit verhüllten Händen als liturgischer Diener assistiert, gehört zum traditionellen Bildtypus der Taufe Christi. Er allein hat hier gleiche Größe mit den Figuren der folgenden Szenen. Der Täufer und der im Wasser stehende Jesus wirken dagegen – obgleich die Hauptpersonen – eher zwerghaft. Auf diese etwas ungeschickte Art fügte der Künstler das Bild in das hier anlaufende Spiralband ein.

Schon in dieser ersten Szene ist das Thema der Göttlichkeit Jesu angeschlagen. Seine Taufe im Jordan ist des öfteren mit der Salbung der Könige David und Salomo verglichen worden, so daß sie als der Augenblick seiner messianischen Königssalbung gelten kann.

Die Versuchung Jesu

Dann wurde Jesus vom Geist in die Wüste geführt; dort sollte er vom Teufel in Versuchung geführt werden. Als er vierzig Tage und vierzig Nächte gefastet hatte, bekam er Hunger. Da trat der Versucher an ihn heran und sagte: Wenn du Gottes Sohn bist, so befiehl, daß aus diesen Steinen Brot wird. Er aber antwortete: In der Schrift heißt es: Der Mensch lebt nicht nur von Brot, sondern von jedem Wort, das aus Gottes Mund kommt. Darauf nahm ihn der Teufel mit sich in die Heilige Stadt, stellte ihn oben auf den Tempel und sagte zu ihm: Wenn du Gottes Sohn bist, so stürz dich hinab; denn es heißt in der Schrift:

Seinen Engeln befiehlt er,/dich auf ihren Händen zu tragen,/damit dein Fuß nicht an einen Stein stößt.

Jesus antwortete ihm: In der Schrift heißt es auch: Du sollst den Herrn, deinen Gott, nicht auf die Probe stellen. Wieder nahm ihn der Teufel mit sich und führte ihn auf einen sehr hohen Berg; er zeigte ihm alle Reiche der Welt mit ihrer Pracht und sagte zu ihm: Das alles will ich dir geben, wenn du dich vor mir niederwirfst und mich anbetest. Da sagte Jesus zu ihm: Weg mit dir, Satan! Denn in der Schrift steht: Vor dem Herrn, deinem Gott, sollst du dich niederwerfen und ihm allein dienen. Darauf ließ der Teufel von ihm ab, und es kamen Engel und dienten ihm.

Mt 4,1–11 (vgl. Mk 1,12–13; Lk 4,1–13)

Der Teufel ist hier als kleines, verkrüppeltes Wesen dargestellt, nicht unähnlich dem affenartigen Teufelswesen auf der Schulter des Richters Christi auf Bernwards Bronzetür. Die drei Kugeln stellen wohl die Steine dar, die Satan verwandeln lassen will.

Die Berufung des Petrus und Andreas

Als Jesus am See von Galiläa entlangging, sah er zwei Brüder, Simon, genannt Petrus, und seinen Bruder Andreas; sie warfen gerade ihr Netz in den See, denn sie waren Fischer. Da sagte er zu ihnen: Kommt her, folgt mir nach! Ich werde euch zu Menschenfischern machen. Sofort ließen sie ihre Netze liegen und folgten ihm.

Mt 4,18–20 (vgl. Mk 1,16–18; Lk 5,1–9)

Die Berufung des Jakobus und des Johannes

Als er weiterging, sah er zwei andere Brüder, Jakobus, den Sohn des Zebedäus, und seinen Bruder Johannes; sie waren mit ihrem Vater Zebedäus im Boot und richteten ihre Netze her. Er rief sie, und sogleich verließen sie das Boot und ihren Vater und folgten Jesus.

Mt 4,21–22 (vgl. Mk 1,19–20; Lk 5,10–11)

51

Die Hochzeit zu Kana

Am dritten Tag fand in Kana in Galiläa eine Hochzeit statt, und die Mutter Jesu war dabei. Auch Jesus und seine Jünger waren zur Hochzeit eingeladen. Als der Wein ausging, sagte die Mutter Jesu zu ihm: Sie haben keinen Wein mehr. Jesus erwiderte ihr: Was willst du von mir, Frau? Meine Stunde ist noch nicht gekommen. Seine Mutter sagte zu den Dienern: Was er euch sagt, das tut! Es standen dort sechs steinerne Wasserkrüge, wie es der Reinigungsvorschrift der Juden entsprach; jeder faßte ungefähr hundert Liter. Jesus sagte zu den Dienern: Füllt die Krüge mit Wasser! Und sie füllten sie bis zum Rand. Er sagte zu ihnen: Schöpft jetzt, und bringt es dem, der für das Festmahl verantwortlich ist. Sie brachten es ihm. Er kostete das Wasser, das zu Wein geworden war. Er wußte nicht, woher der Wein kam; die Diener aber, die das Wasser geschöpft hatten, wußten es. Da ließ er den Bräutigam rufen und sagte zu ihm: Jeder setzt zuerst den guten Wein vor und erst, wenn die Gäste zuviel getrunken haben, den weniger guten. Du jedoch hast den guten Wein bis jetzt zurückgehalten. So tat Jesus sein erstes Zeichen, in Kana in Galiläa, und offenbarte seine Herrlichkeit, und seine Jünger glaubten an ihn. Danach zog er mit seiner Mutter, seinen Brüdern und seinen Jüngern nach Kafarnaum hinab. Dort blieben sie einige Zeit.

Joh 2,1–11

Mit Freude schildert hier der Künstler die Menschen beim Gastmahl, wofür er auch sonst eine besondere Vorliebe hat.

Der Tisch des Hochzeitmahles, an dem Jesus zum ersten Mal die Wunderkraft seiner Herrlichkeit beweist, nimmt den Tisch des ewigen Gastmahls im Himmel (vgl. Jes 25,6; Mt 22,2) voraus. Maria sitzt in mystischer Verbundenheit an den Sohn geschmiegt, wie wir ähnlich auf den Bildern des Abendmahls den Lieblingsjünger Johannes sehen. Der abgewandte Bräutigam und die Braut, die schon eingenickt ist, mögen eher zu denen gehören, die den sich zeigenden Herrn nicht wahrnehmen (vgl. Mt 25,12–13).

Die Heilung des Aussätzigen

Als Jesus von dem Berg herabstieg, folgten ihm viele Menschen. Da kam ein Aussätziger, fiel vor ihm nieder und sagte: Herr, wenn du willst, kannst du machen, daß ich rein werde. Jesus streckte die Hand aus, berührte ihn und sagte: Ich will es – werde rein! Im gleichen Augenblick wurde der Aussätzige rein. Jesus aber sagte zu ihm: Nimm dich in acht! Erzähl niemand davon, sondern geh, zeig dich dem Priester und bring das Opfer dar, das Mose angeordnet hat. Das soll für sie ein Beweis (deiner Heilung) sein.

Mt 8,1–4 (vgl. Mk 1,40–45; Lk 5,12–14)

Wie das Johannesevangelium bei der Hochzeit von Kana das erste Wunder Jesu einführt, so geschieht dies bei Matthäus mit der Heilung des Aussätzigen.

Die Aussendung der Zwölf

Dann rief er seine zwölf Jünger zu sich und gab ihnen die Vollmacht, die unreinen Geister auszutreiben und alle Krankheiten und Leiden zu heilen. Die Namen der zwölf Apostel sind: an erster Stelle Simon, genannt Petrus, und sein Brunder Andreas, dann Jakobus, der Sohn des Zebedäus, und sein Bruder Johannes, Philippus und Bartholomäus, Thomas und Matthäus, der Zöllner, Jakobus, der Sohn des Alphäus, und Thaddäus, Simon Kananäus und Judas Iskariot, der ihn später verraten hat.

Mt 10,1–4 (vgl. Mk 3,13–19; Lk 6, 12–16; Joh 1,40–44)

Die Samariterin am Jakobsbrunnen

So kam er zu einem Ort in Samarien, der Sychar hieß und nahe bei dem Grundstück lag, das Jakob seinem Sohn Josef vermacht hatte. Dort befand sich der Jakobsbrunnen. Jesus war müde von der Reise und setzte sich daher an den Brunnen; es war um die sechste Stunde.

Da kam eine samaritische Frau, um Wasser zu schöpfen. Jesus sagte zu ihr: Gib mir zu trinken! Seine Jünger waren nämlich in den Ort gegangen, um etwas zum Essen zu kaufen. Die samaritische Frau sagte zu ihm: Wie kannst du als Jude mich, eine Samariterin, um Wasser bitten? Die Juden verkehren nämlich nicht mit den Samaritern. Jesus antwortete ihr: Wenn du wüßtest, worin die Gabe Gottes besteht und wer es ist, der zu dir sagt: Gib mir zu trinken!, dann hättest du ihn gebeten, und er hätte dir lebendiges Wasser gegeben. Sie sagte zu ihm: Herr, du hast kein Schöpfgefäß, und der Brunnen ist tief; woher hast du also das lebendige Wasser? Bist du etwa größer als unser Vater Jakob, der uns den Brunnen gegeben und selbst daraus getrunken hat, wie seine Söhne und seine Herden? Jesus antwortete ihr: Wer von diesem Wasser trinkt, wird wieder Durst bekommen; wer aber von dem Wasser trinkt, das ich ihm geben werde, wird niemals mehr Durst haben; vielmehr wird das Wasser, das ich ihm gebe, in ihm zur sprudelnden Quelle werden, deren Wasser ewiges Leben schenkt. Da sagte die Frau zu ihm: Herr, gib mir dieses Wasser, damit ich keinen Durst mehr habe und nicht mehr hierher kommen muß, um Wasser zu schöpfen. Er sagte zu ihr: Geh, ruf deinen Mann, und komm wieder her! Die Frau antwortete: Ich habe keinen Mann. Jesus sagte zu ihr: Du hast richtig gesagt: Ich habe keinen Mann. Denn fünf Männer hast du gehabt, und er, den du jetzt hast, ist nicht dein Mann. Damit hast du die Wahrheit gesagt.

Die Frau sagte zu ihm: Herr, ich sehe, daß du ein Prophet bist. Unsere Väter haben auf diesem Berg Gott angebetet; ihr aber sagt, in Jerusalem sei die Stätte, wo man anbeten muß. Jesus sprach zu ihr: Glaube mir, Frau, die Stunde kommt, zu der ihr weder auf diesem Berg noch in Jerusalem den Vater anbeten werdet. Ihr betet an, was ihr nicht kennt, wir beten an, was wir kennen; denn das Heil kommt von den Juden. Aber die Stunde kommt, und sie ist schon da, zu der die wahren Beter den Vater anbeten werden im Geist und in der Wahrheit; denn so will der Vater angebetet werden. Gott ist Geist, und alle, die ihn anbeten, müssen im Geist und in der Wahrheit anbeten. Die Frau sagte zu ihm: Ich weiß, daß der Messias kommt, das ist: der Gesalbte (Christus). Wenn er kommt, wird er uns alles verkünden. Da sagte Jesus zu ihr: Ich bin es, ich, der mit dir spricht.

Joh 4,5–29

Das „lebendige Wasser", von dem Jesus spricht, gilt als ein Vorbild des sakramentalen Taufwassers. Nicht zufällig also steht die Samariterin gerade über dem Jesus der Jordantaufe. Einer der Jünger wendet sich ab. Auch in mehreren der folgenden Szenen werden wir in der Gefolgschaft Jesu einen Sichabwendenden erkennen, der sieht und hört, aber nicht glaubt.

Mahnrede und Tod Johannes des Täufers

Zu dieser Zeit hörte der Tetrarch Herodes, was man von Jesus erzählte. Er sagte zu seinem Gefolge: Das ist Johannes der Täufer. Er ist von den Toten auferstanden; deshalb wirken solche Kräfte in ihm.
Herodes hatte nämlich Johannes festnehmen und in Ketten ins Gefängnis werfen lassen. Schuld daran war Herodias, die Frau seines Bruders Philippus. Denn Johannes hatte zu Herodes gesagt: Du hattest nicht das Recht, sie zur Frau zu nehmen. Der König wollte ihn deswegen töten lassen, fürchtete sich aber vor dem Volk; denn man hielt Johannes für einen Propheten. Als aber der Geburtstag des Herodes gefeiert wurde, tanzte die Tochter der Herodias vor den Gästen. Und sie gefiel Herodes so sehr, daß er schwor, ihr alles zu geben, was sie sich wünschte. Da sagte sie auf Drängen ihrer Mutter: Laß mir auf einer Schale den Kopf des Täufers Johannes herbringen. Der König wurde traurig; aber weil er einen Schwur geleistet hatte – noch dazu vor allen Gästen –, befahl er, ihr den Kopf zu bringen. Und er ließ Johannes im Gefängnis enthaupten. Man brachte den Kopf auf einer Schale und gab ihn dem Mädchen, und sie brachte ihn ihrer Mutter. Die Jünger des Johannes aber holten den Leichnam und begruben ihn. Dann gingen sie zu Jesus und berichteten ihm alles.

Mt 4,1–12 (vgl. Mk 6,14–29; Lk 9,7–9)

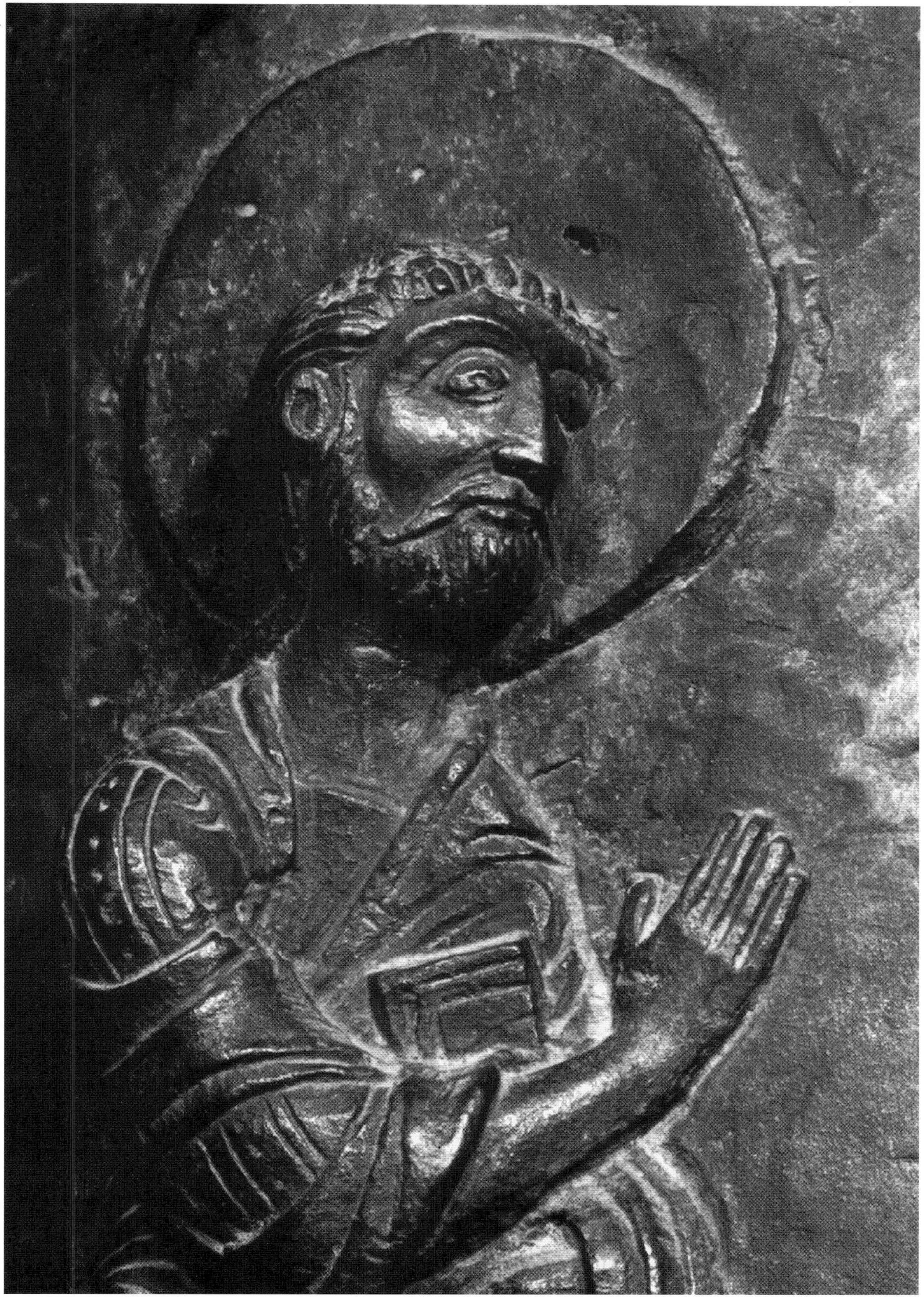

Das Martyrium des Täufers ist in breiter Szenenfolge ausgemalt. Der mahnende, von seinem inneren Licht (Joh 1,8) durchglühte Prophet vor den Mächtigen, Hinablassen ins Kellerverlies und Enthauptung in den Gefängnismauern, das abgeschlagene Haupt auf einer Schale vor die Tafelnden gebracht. Es scheint eine eigene, in sich geschlossene Geschichte, die hier innerhalb des großen Christusepos vorgetragen wird.
Der Künstler schildert das Ereignis so ausführlich, weil er das Hauptgeschehen tiefer ausleuchten will.

Im Blutzeugnis weist Johannes, der Vorläufer, auf das Todesschicksal voraus, in das Jesu Leben einmünden wird. Herodes und seine Frau sind mit ihren Kronen als Träger weltlicher Herrschermacht bezeichnet und gleichen damit dem Richter Jesu auf Bernwards Bronzetür. Salome, modisch gekleidet – an Schmuck und kostbaren Bordüren ist nicht gespart –, ähnelt Darstellungen der „Luxuria", des Lasters der Üppigkeit und Wollust, wie sie in den gleichzeitigen Illustrationen zum „Seelenkampf" (Kampf der Tugenden und Laster) des christlichen Römers Prudentius als „trunkene Tänzerin" erscheint (siehe S. 107).

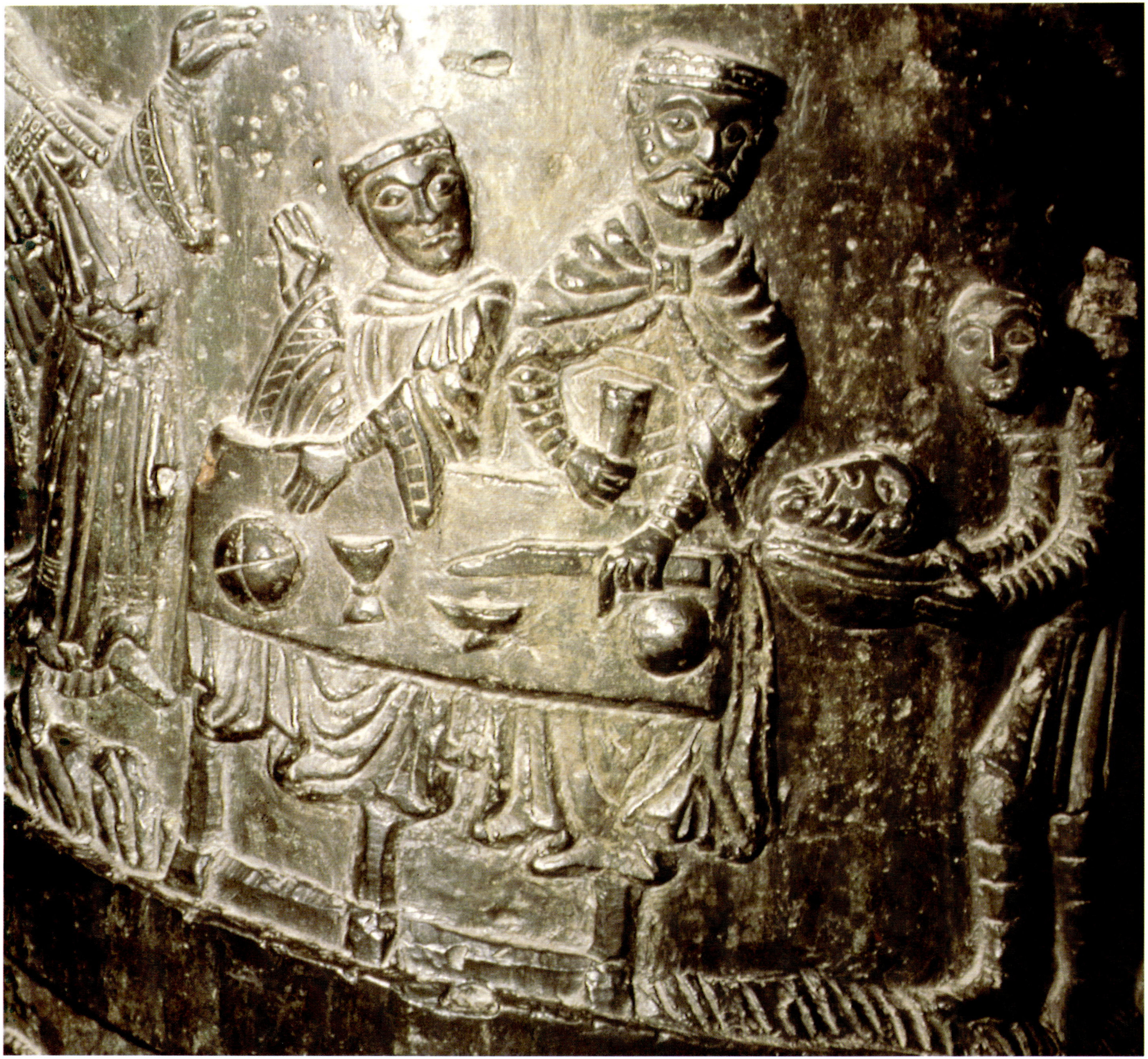

Als Sinnbild weiblicher Verführungsmacht weist Salome auf die Eva des Sündenfalls zurück, den Bernward auf der Bronzetür darstellte. In Gemeinschaft mit den beiden gekrönten Häuptern bildet Salome die Gefolgschaft des Bösen ab. Am Tisch, den sie umtanzt, feiert die Finsternis eines ihrer vernichtenden Feste. Der Kontrast zur Freude von Kana ist schlagend.

Hier ist auch schon ein Motiv gotischer Portale vorweggenommen, an denen zuweilen die Figur der schönen Sünde vor einem ansehnlichen – aber hinten von Fäulnis und Ungeziefer zerfressenen – Jüngling mit der Krone auf dem Haupt, dem „Fürsten der Welt", zu sehen ist.

Die Heilung der Tochter des
Synagogenvorstehers und der Blutflüssigen

Während Jesus so mit ihnen redete, kam ein Synagogenvorsteher, fiel vor ihm nieder und sagte: Meine Tochter ist eben gestorben; komm doch, leg ihr deine Hand auf, dann wird sie wieder lebendig. Jesus stand auf und folgte ihm mit seinen Jüngern. Da trat eine Frau, die schon zwölf Jahre an Blutungen litt, von hinten an ihn heran und berührte den Saum seines Gewandes; denn sie sagte sich: Wenn ich auch nur sein Gewand berühre, werde ich geheilt. Jesus wandte sich um, und als er sie sah, sagte er: Hab keine Angst, meine Tochter, dein Glaube hat dir geholfen. Und von dieser Stunde an war die Frau geheilt. Als Jesus in das Haus des Synagogenvorstehers kam und die Flötenspieler und die Menge der klagenden Leute sah, sagte er: Geht hinaus! Das Mädchen ist nicht gestorben, es schläft nur. Da lachten sie ihn aus. Als man die Leute hinausgedrängt hatte, trat er ein und faßte das Mädchen an der Hand; da stand es auf. Und die Kunde davon verbreitete sich in der ganzen Gegend.

Mt 9,18–26 (vgl. Mk 5,21–43; Lk 8,40–56)

65

Die Heilung des Blinden

Sie kamen nach Jericho. Als er mit seinen Jüngern und einer großen Menschenmenge Jericho wieder verließ, saß an der Straße ein blinder Bettler, Bartimäus, der Sohn des Timäus. Sobald er hörte, daß es Jesus von Nazaret war, rief er laut: Sohn Davids, Jesus, hab Erbarmen mit mir! Viele wurden ärgerlich und befahlen ihm zu schweigen. Er aber schrie noch viel lauter: Sohn Davids, hab Erbarmen mit mir! Jesus blieb stehen und sagte: Ruft ihn her! Sie riefen den Blinden und sagten zu ihm: Hab nur Mut, steh auf, er ruft dich. Da warf er seinen Mantel weg, sprang auf und lief auf Jesus zu. Und Jesus fragte ihn: Was soll ich dir tun? Der Blinde antwortete: Rabbuni, ich möchte wieder sehen können. Da sagte Jesus zu ihm: Geh! Dein Glaube hat dir geholfen. Im gleichen Augenblick konnte er wieder sehen, und er folgte Jesus auf seinem Weg.

Mk 10,46–52 (vgl. Mt 20,29–34; Lk 18,35–43)

67

Christus und die Ehebrecherin

Am frühen Morgen begab er sich wieder in den Tempel. Alles Volk kam zu ihm. Er setzte sich und lehrte es. Da brachten die Schriftgelehrten und die Pharisäer eine Frau, die beim Ehebruch ertappt worden war. Sie stellten sie in die Mitte und sagten zu ihm: Meister, diese Frau wurde beim Ehebruch auf frischer Tat ertappt. Mose hat uns im Gesetz vorgeschrieben, solche Frauen zu steinigen. Nun, was sagst du? Mit dieser Frage wollten sie ihn auf die Probe stellen, um einen Grund zu haben, ihn zu verklagen. Jesus aber bückte sich und schrieb mit dem Finger auf die Erde. Als sie hartnäckig weiterfragten, richtete er sich auf und sagte zu ihnen: Wer von euch ohne Sünde ist, werfe als erster einen Stein auf sie. Und er bückte sich wieder und schrieb auf die Erde. Als sie seine Antwort gehört hatten, ging einer nach dem andern fort, zuerst die Ältesten. Jesus blieb allein zurück mit der Frau, die noch in der Mitte stand. Er richtete sich auf und sagte zu ihr: Frau, wo sind sie geblieben? Hat dich keiner verurteilt? Sie antwortete: Keiner, Herr. Da sagte Jesus zu ihr: Auch ich verurteile dich nicht. Geh und sündige von jetzt an nicht mehr!

Joh 8,2–11

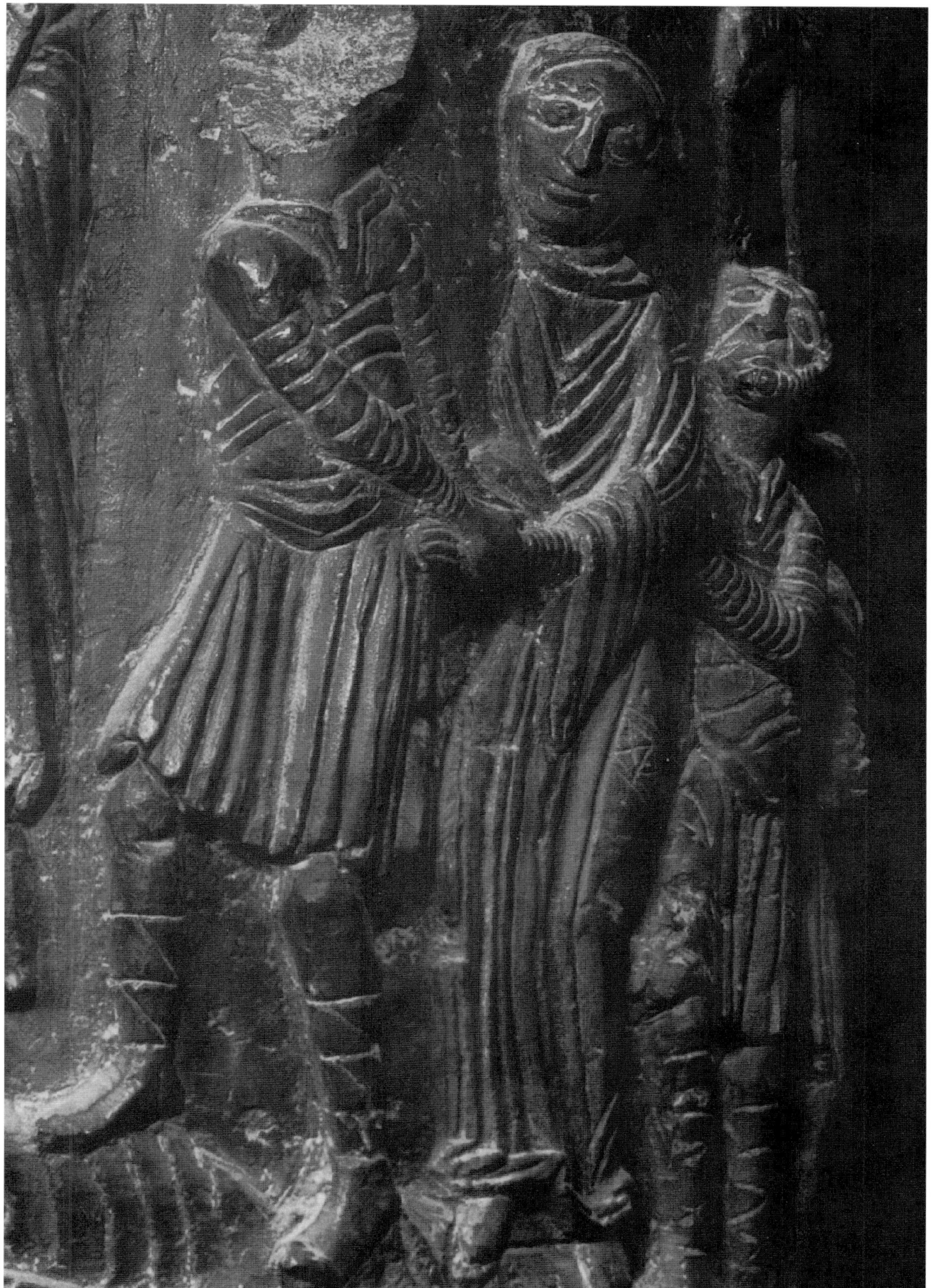

Die Auferweckung des Jünglings zu Nain

Einige Zeit später ging er in eine Stadt namens Nain; seine Jünger und eine große Menschenmenge folgten ihm. Als er in die Nähe des Stadttors kam, trug man gerade einen Toten heraus. Es war der einzige Sohn seiner Mutter, einer Witwe. Und viele Leute aus der Stadt begleiteten sie. Als der Herr die Frau sah, hatte er Mitleid mit ihr und sagte zu ihr: Weine nicht! Dann ging er zu der Bahre hin und faßte sie an. Die Träger blieben stehen, und er sagte: Ich befehle dir, junger Mann: Steh auf! Da richtete sich der Tote auf und begann zu sprechen, und Jesus gab ihn seiner Mutter zurück. Alle wurden von Furcht ergriffen; sie priesen Gott und sagten: Ein großer Prophet ist unter uns aufgetreten: Gott hat sich seines Volkes angenommen. Und die Kunde davon verbreitete sich überall in Judäa und im ganzen Gebiet ringsum.

Lk 7,11–17

71

Die Verklärung Jesu

Sechs Tage danach nahm Jesus Petrus, Jakobus und dessen Bruder Johannes beiseite und führte sie auf einen hohen Berg. Und er wurde vor ihren Augen verwandelt; sein Gesicht leuchtete wie die Sonne, und seine Kleider wurden blendend weiß wie das Licht. Da erschienen plötzlich vor ihren Augen Mose und Elija und redeten mit Jesus. Und Petrus sagte zu ihm: Herr, es ist gut, daß wir hier sind. Wenn du willst, werde ich hier drei Hütten bauen, eine für dich, eine für Mose und eine für Elija. Noch während er redete, warf eine leuchtende Wolke ihren Schatten auf sie, und aus der Wolke rief eine Stimme: Das ist mein geliebter Sohn, an dem ich Gefallen gefunden habe; auf ihn sollt ihr hören. Als die Jünger das hörten, bekamen sie große Angst und warfen sich mit dem Gesicht zu Boden. Da trat Jesus zu ihnen, faßte sie an und sagte: Steht auf, habt keine Angst! Und als sie aufblickten, sahen sie nur noch Jesus.

Während sie den Berg hinabstiegen, gebot ihnen Jesus: Erzählt niemand von dem, was ihr gesehen habt, bis der Menschensohn von den Toten auferstanden ist. Da fragten ihn die Jünger: Warum sagen denn die Schriftgelehrten, zuerst müsse Elija kommen? Er gab zur Antwort: Ja, Elija kommt, und er wird alles wiederherstellen. Ich sage euch aber: Elija ist schon gekommen, doch sie haben ihn nicht erkannt, sondern mit ihm gemacht, was sie wollten. Ebenso wird auch der Menschensohn durch sie leiden müssen. Da verstanden die Jünger, daß er von Johannes dem Täufer sprach.

Mt 17,1–13 (vgl. Mk 9,2–13; Lk 9,28–36)

Im Gegensatz zum biblischen Bericht und auch dem üblichen Bildtypus sind hier nur zwei Jünger anwesend.

Jesu Verklärung birgt eine Vorausdeutung auf seine Erhöhung am Kreuz und auf seine Wiederkunft als Weltrichter (2 Petr 1,16–18). Die Szene bildet hier Mitte und Zentrum der ganzen Relieferzählung. Sie ist die einzige, in der sich Jesus dem Betrachter frontal zuwendet. In ihrer Frontalität und Symmetrie hat man sie mit östlichen Ikonen verglichen. Auch die exponierte Stellung des Themas weist nach Osten: während dieser Evangelienabschnitt in den Liturgien des Westens nur eine untergeordnete Rolle spielt, haben die östlichen Kirchen seit alters ein eigenes Fest der Verklärung, das in den Reigen der 12 großen Kirchenfeste des Jahres Aufnahme gefunden hat.[31]

31 Vgl. Wöhrmann. S. 9

Die Verklärung Jesu: Christuskopf

Jesus spricht zu den Pharisäern

Das alles hörten auch die Pharisäer, die sehr am Geld hingen, und sie lachten über ihn. Da sagte er zu ihnen: Ihr redet den Leuten ein, daß ihr gerecht seid; aber Gott kennt euer Herz. Denn was die Menschen für großartig halten, das ist in den Augen Gottes ein Greuel. Bis zu Johannes hatte man nur das Gesetz und die Propheten. Seitdem wird das Evangelium vom Reich Gottes verkündet, und alle drängen sich danach, hineinzukommen. Aber eher werden Himmel und Erde vergehen, als daß auch nur der kleinste Buchstabe im Gesetz wegfällt.

Lk 16,14–17 (vgl. Mt 23,28; Mk 12,38–40; Lk 11,39–52)

Mit der Scheltrede gegen die Pharisäer attackiert Jesus eine Gruppe, die sich das Monopol über Gott anmaßt und deren Pochen auf die Vorschrift zur Veräußerlichung des Glaubens und zur inneren Entfremdung geführt hat. Die folgenden Szenen illustrieren den Inhalt der Rede. Die Geschichte vom reichen Prasser schließt auch bei Lukas an die Pharisäerrede an als ein zusammenfassendes Gleichnis.[32] In der Parabel entlarvt Jesus Frömmigkeit und Gesetzestreue dieser selbsternannten Sachwalter Gottes als menschliche Lieblosigkeit. Zur Verbildlichung der Pharisäerrede gehört aber auch die darauffolgende Gegenüberstellung zweier Szenen, die vom Erzählverlauf her eigentlich nicht hierher gehören und die selbst in den Evangelientexten an zwei unterschiedlichen Stellen stehen: der Zöllner Zachäus – in den Augen der Gesetzestreuen ein Ausgestoßener – erkennt Jesus als den Messias und beweist wahren Glauben; der dürre Feigenbaum steht für die „Gerechten", die das Gesetz keineswegs verfehlen, die aber ohne Liebe sind und keine Glaubensfrucht zeitigen (vgl. Mt 7,16).

32 Vgl. Adamski. S. 7

Das Gleichnis vom reichen Mann und dem armen Lazarus

Es war einmal ein reicher Mann, der sich in Purpur und feines Leinen kleidete und Tag für Tag herrlich und in Freuden lebte. Vor der Tür des Reichen aber lag ein armer Mann namens Lazarus, dessen Leib voller Geschwüre war. Er hätte gern seinen Hunger mit dem gestillt, was vom Tisch des Reichen herunterfiel. Statt dessen kamen die Hunde und leckten an seinen Geschwüren. Als nun der Arme starb, wurde er von den Engeln in Abrahams Schoß getragen. Auch der Reiche starb und wurde begraben. In der Unterwelt, wo er qualvolle Schmerzen litt, blickte er auf und sah von weitem Abraham, und Lazarus in seinem Schoß. Da rief er: Vater Abraham, hab Erbarmen mit mir, und schick Lazarus zu mir; er soll wenigstens die Spitze seines Fingers ins Wasser tauchen und mir die Zunge kühlen, denn ich leide große Qual in diesem Feuer. Abraham erwiderte: Mein Kind, denk daran, daß du schon zu Lebzeiten deinen Anteil am Guten erhalten hast, Lazarus aber nur Schlechtes. Jetzt wird er dafür getröstet, du aber mußt leiden. Außerdem ist zwischen uns und euch ein tiefer, unüberwindlicher Abgrund, so daß niemand von hier zu euch oder von dort zu uns kommen kann, selbst wenn er wollte. Da sagte der Reiche: Dann bitte ich dich, Vater, schick ihn in das Haus meines Vaters! Denn ich habe noch fünf Brüder.

Er soll sie warnen, damit nicht auch sie an diesen Ort der Qual kommen. Abraham aber sagte: Sie haben Mose und die Propheten, auf die sollen sie hören. Er erwiderte: Nein, Vater Abraham, nur wenn einer von den Toten zu ihnen kommt, werden sie umkehren. Darauf sagte Abraham: Wenn sie auf Mose und die Propheten nicht hören, werden sie sich auch nicht überzeugen lassen, wenn einer von den Toten aufersteht.

Lk 16,19–31

Wegen seines Purpurgewandes wurde der reiche Prasser in der mittelalterlichen Bibelauslegung als ein König angesehen. Hier ist der Königscharakter besonders betont. Mit der Krone auf dem Haupt am Tisch speisend ähnelt der reiche Mann dem Johannesmörder Herodes. Auch er ist einer der Mächtigen dieser Erde, die sich dem himmlischen Königreich Christi entgegenstellen. (Heinz Josef Adamski weist auf die Gewalttätigkeit der Geste hin, mit der Herodes wie der reiche Mann das Messer ergreifen.) Ihre Pracht ist diesseitig und wird mit ihrem Tod erlöschen (Ps 49,18). Im Höllenrachen hat der reiche Mann keine Krone mehr. Mit dem Finger weist er auf sein entblößtes Haupt.

Zachäus im Baum

Dann kam er nach Jericho und ging durch die Stadt. Dort wohnte ein Mann namens Zachäus; er war der oberste Zollpächter und war sehr reich. Er wollte gern sehen, wer dieser Jesus sei, doch die Menschenmenge versperrte ihm die Sicht: denn er war klein. Darum lief er voraus und stieg auf einen Maulbeerfeigenbaum, um Jesus zu sehen, der dort vorbeikommen mußte. Als Jesus an die Stelle kam, schaute er hinauf und sagte zu ihm: Zachäus, komm schnell herunter! Denn ich muß heute in deinem Haus zu Gast sein. Da stieg er schnell herunter und nahm Jesus freudig bei sich auf. Als die Leute das sahen, empörten sie sich und sagten: Er ist bei einem Sünder eingekehrt. Zachäus aber wandte sich an den Herrn und sagte: Herr, die Hälfte meines Vermögens will ich den Armen geben, und wenn ich von jemand zu viel gefordert habe, gebe ich ihm das Vierfache zurück. Da sagte Jesus zu ihm: Heute ist diesem Haus das Heil geschenkt worden, weil auch dieser Mann ein Sohn Abrahams ist. Denn der Menschensohn ist gekommen, um zu suchen und zu retten, was verloren ist.

Lk 19,2–10

Wieder auffallend die einzelne Frau, die sich nicht dem Heiland zuwendet, sondern mit dem Sünder auf dem Baum beschäftigt. Auch innerhalb der Gefolgschaft Jesu ist so mancher für die pharisäische Selbstgerechtigkeit anfällig.

Die Verfluchung des unfruchtbaren Feigenbaumes

Als er am Morgen in die Stadt zurückkehrte, hatte er Hunger. Da sah er am Weg einen Feigenbaum und ging auf ihn zu, fand aber nur Blätter daran. Da sagte er zu ihm: In Ewigkeit soll keine Frucht mehr an dir wachsen. Und der Feigenbaum verdorrte auf der Stelle. Als die Jünger das sahen, fragten sie erstaunt: Wie konnte der Feigenbaum so plötzlich verdorren? Jesus antwortete ihnen: Amen, das sage ich euch: Wenn ihr Glauben habt und nicht zweifelt, dann werdet ihr nicht nur das vollbringen, was ich mit dem Feigenbaum getan habe; selbst wenn ihr zu diesem Berg sagt: Heb dich empor, und stürz dich ins Meer!, wird es geschehen. Und alles, was ihr im Gebet erbittet, werdet ihr erhalten, wenn ihr glaubt.

Mt 21,18–22 (vgl. Mk 11,13; Lk 13,6)

Obwohl sie sich erst nach Jesu Einzug in Jerusalem ereignete, hat der Künstler die Verfluchung des Feigenbaumes hierhergesetzt, um im Gleichnis des fruchtlosen Baumes den inneren Unglauben der selbsternannten „Gerechten" dem inneren Glauben des Sünders Zachäus entgegenzusetzen.[33]

33 Vgl. Beißel. S. 83

Krankenheilung am See Gennesaret

Als Jesus all das hörte, fuhr er mit dem Boot in eine einsame Gegend, um allein zu sein. Aber die Leute in den Städten hörten davon und gingen ihm zu Fuß nach. Als er ausstieg und die vielen Menschen sah, hatte er Mitleid mit ihnen und heilte die Kranken, die bei ihnen waren.

Mt 14,13–14 (vgl. Mk 6,53–56; Joh 6,2)

Diese und die folgenden beiden Szenen schildern die Begebenheiten am See Gennesaret.

Jesus wandelt auf dem See und die Kleingläubigkeit des Petrus

Nachdem er sie weggeschickt hatte, stieg er auf einen Berg, um in der Einsamkeit zu beten. Spät am Abend war er immer noch allein auf dem Berg. Das Boot aber war schon viele Stadien vom Land entfernt und wurde von den Wellen hin und her geworfen, denn sie hatten Gegenwind. In der vierten Nachtwache kam Jesus zu ihnen; er ging auf dem See. Als ihn die Jünger über den See kommen sahen, erschraken sie, weil sie meinten, es sei ein Gespenst, und sie schrien vor Angst. Doch Jesus begann mit ihnen zu reden und sagte: Habt Vertrauen, ich bin es; fürchtet euch nicht! Darauf erwiderte ihm Petrus: Herr, wenn du es bist, so befiehl, daß ich auf dem Wasser zu dir komme. Jesus sagte: Komm! Da stieg Petrus aus dem Boot und ging über das Wasser auf Jesus zu. Als er aber sah, wie heftig der Wind war, bekam er Angst und begann unterzugehen. Er schrie: Herr, rette mich! Jesus streckte sofort die Hand aus, ergriff ihn und sagte zu ihm: Du Kleingläubiger, warum hast du gezweifelt? Und als sie ins Boot gestiegen waren, legte sich der Wind. Die Jünger im Boot aber fielen vor Jesus nieder und sagten: Wahrhaftig, du bist Gottes Sohn.

Mt 14,23–33 (vgl. Mk 6,45–52; Joh 6,16–21)

Jesus faßt Petrus am Handgelenk: eine – vor allem in der byzantinischen Kunst bekannte – Geste der Rettung. Das Gegenüber von Petrus und seinem Meister läßt auch an das große Messiasbekenntnis Petri (Mt 16,16; Lk 9,20) denken, das Johannes (6,68–69) im Anschluß an die Ereignisse am See Gennesaret wiedergibt und in dem Petrus den kirchenbegründenden Glauben an Jesus als den Messias ausspricht. Das Antlitz des Petrus ähnelt dem Kopf auf dem berühmten Sitzbild des Apostels in Rom.

Die Speisung der Viertausend

Jesus rief seine Jünger zu sich und sagte: Ich habe Mitleid mit diesen Menschen; sie sind schon drei Tage bei mir und haben nichts mehr zu essen. Ich will sie nicht hungrig wegschicken, sonst brechen sie unterwegs zusammen. Da sagten die Jünger zu ihm: Wo sollen wir in dieser unbewohnten Gegend so viel Brot hernehmen, um so viele Menschen satt zu machen? Jesus sagte zu ihnen: Wie viele Brote habt ihr? Sie antworteten: Sieben, und noch ein paar Fische. Da forderte er die Leute auf, sich auf den Boden zu setzen. Und er nahm die sieben Brote und die Fische, sprach das Dankgebet, brach die Brote und gab sie den Jüngern, und die Jünger verteilten sie an die Leute. Und alle aßen und wurden satt. Dann sammelte man die übriggebliebenen Brotstücke ein, sieben Körbe voll. Es waren viertausend Männer, die an dem Mahl teilgenommen hatten, dazu noch Frauen und Kinder. Danach schickte er die Menge nach Hause, stieg ins Boot und fuhr in die Gegend von Magadan.   Mt 15,32–39

Die Abfolge der Gennesaretszenen legt nahe, daß der Künstler hier nicht allein an das Wunder der Brotvermehrung gedacht hat, sondern auch an Jeus Rede in Kapharnaum vom „Brot des Lebens", die Johannes (6, 26–58) anschließt. Bezeichnend wieder die Figur dessen, der von der Übernatürlichkeit des Wunders völlig unberührt bleibt und sich mitten durch die entzückt Hingerissenen mit dem Ellenbogen zum irdischen Brotkorb „vordrängelt".

Die Auferweckung des Lazarus

Als Jesus ankam, fand er Lazarus schon vier Tage im Grab liegen. Betanien war nahe bei Jerusalem, etwa fünfzehn Stadien entfernt. Viele Juden waren zu Marta und Maria gekommen, um sie wegen ihres Bruders zu trösten. Als Marta hörte, daß Jesus komme, ging sie ihm entgegen, Maria aber blieb im Haus. Marta sagte zu Jesus: Herr, wärst du hier gewesen, dann wäre mein Bruder nicht gestorben. Aber auch jetzt weiß ich: Alles, worum du Gott bittest, wird Gott dir geben. Jesus sagte zu ihr: Dein Bruder wird auferstehen. Marta sagte zu ihm: Ich weiß, daß er auferstehen wird bei der Auferstehung am Letzten Tag. Jesus erwidert ihr: Ich bin die Auferstehung und das Leben. Wer an mich glaubt, wird leben, auch wenn er stirbt, und jeder, der lebt und an mich glaubt, wird auf ewig nicht sterben. Glaubst du das? Marta antwortete ihm: Ja, Herr, ich glaube, daß du der Messias bist, der Sohn Gottes, der in die Welt kommen soll.

Nach diesen Worten ging sie weg, rief heimlich ihre Schwester Maria und sagte zu ihr: Der Meister ist da und läßt dich rufen. Als Maria das hörte, stand sie sofort auf und ging zu ihm. Denn Jesus war noch nicht in das Dorf gekommen; er war noch dort, wo ihn Marta getroffen hatte. Die Juden, die bei Maria im Haus waren und sie trösteten, sahen, daß sie plötzlich aufstand und hinausging. Da folgten sie ihr, weil sie meinten, sie gehe zum Grab, um dort zu weinen. Als Maria dorthin kam, wo Jesus war, und ihn sah, fiel sie ihm zu Füßen und sagte zu ihm: Herr, wärst du hier gewesen, dann wäre mein Bruder nicht gestorben. Als Jesus sah, wie sie weinte und wie auch die Juden weinten, die mit *ihr gekommen waren, war er im Innersten erregt und erschüttert. Er sagte: wo habt ihr ihn bestattet? Sie antworteten ihm: Herr, komm und sieh! Da weinte Jesus. Die Juden sagten: Seht, wie lieb er ihn hatte! Einige aber sagten: Wenn er dem Blinden die Augen geöffnet hat, hätte er dann nicht auch verhindern können, daß dieser hier starb? Da wurde Jesus wiederum innerlich erregt, und er ging zum Grab. Es war eine Höhle, die mit einem Stein verschlossen war.*

Jesus sagte: Nehmt den Stein weg! Marta, die Schwester des Verstorbenen, entgegnete ihm: Herr, er riecht aber schon, denn es ist bereits der vierte Tag. Jesus sagte zu ihr: Habe ich dir nicht gesagt: Wenn du glaubst, wirst du die Herrlichkeit Gottes sehen? Da nahmen sie den Stein weg. Jesus aber erhob seine Augen und sprach: Vater, ich danke dir, daß du mich erhört hast. Ich wußte, daß du mich immer erhörst; aber wegen der Menge, die um mich herum steht, habe ich es gesagt; denn sie sollen glauben, daß du mich gesandt hast. Nachdem er dies gesagt hatte, rief er mit lauter Stimme: Lazarus, komm heraus! Da kam der Verstorbene heraus; seine Füße und Hände waren mit Binden umwickelt, und sein Gesicht war mit einem Schweißtuch verhüllt. Jesus sagte zu ihnen: Löst ihm die Binden, und laßt ihn weggehen! Joh 11,17–44

Nach dem See Gennesaret ist nun Betanien Schauplatz dieser und der nächsten Szene.

Das Mahl in Betanien

Sechs Tage vor dem Paschafest kam Jesus nach Betanien, wo Lazarus war, den er von den Toten auferweckt hatte. Dort bereiteten sie ihm ein Mahl; Marta bediente, und Lazarus war unter denen, die mit Jesus bei Tisch waren. Da nahm Maria ein Pfund echtes, kostbares Nardenöl, salbte Jesus die Füße und trocknete sie mit ihrem Haar. Das Haus wurde vom Duft des Öls erfüllt. Doch einer von seinen Jüngern, Judas Iskariot, der ihn später verriet, sagte: Warum hat man dieses Öl nicht für dreihundert Denare verkauft und den Erlös den Armen gegeben? Das sagte er aber nicht, weil er ein Herz für die Armen gehabt hätte, sondern weil er ein Dieb war; er hatte nämlich die Kasse und veruntreute die Einkünfte. Jesus erwiderte: Laß sie, damit sie es für den Tag meines Begräbnisses tue. Die Armen habt ihr immer bei euch, mich aber habt ihr nicht immer bei euch.

Joh 12,1–8 (vgl. Mt 26,6–13; Mk 14,3–9)

Wie mitunter auch sonst, blendet hier der Künstler mehrere Episoden übereinander. Die Anwesenheit aller Zwölf läßt an das letzte Abendmahl denken, das bald in Jerusalem stattfinden wird. Selbst unter den Aposteln ist einer abgewandt: Judas. Sein Griff nach dem Messer stellt ihn in eine Reihe mit Herodes und dem reichen Mann. Die kniende Marta läßt an das ungenannte Weib denken, das ebenfalls in Betanien Jesu Haupt gesalbt haben soll (Mt 26,7), aber auch an die Sünderin (Lk 7,38) im Haus des Pharisäers Simon. Sie befindet sich im übrigen in senkrechter Linie über dem Jesus der Jordantaufe. Das bronzene Taufbecken des Hildesheimer Doms (um 1225) wird ähnlich die Sünderin am Tisch des Simon über der Taufe Jesu darstellen.

Das Mahl in Betanien: Detail

Jesus zieht in Jerusalem ein

*Am Tag darauf hörte die Volksmenge, die sich zum Fest eingefunden hatte, Jesus komme nach Jerusalem. Da nahmen sie Palmzweige, zogen hinaus, um ihn zu empfangen, und riefen: Hosanna! Gesegnet sei er, der kommt im Namen des Herrn, der König Israels!
Jesus fand einen jungen Esel und setzte sich darauf – wie es in der Schrift heißt: Fürchte dich nicht, Tochter Zion! Siehe, dein König kommt; er sitzt auf dem Fohlen einer Eselin.*

Joh 12,12–15 (vgl. Mt 21,1–9; Mk 11,1–10; Lk 19,28–38)

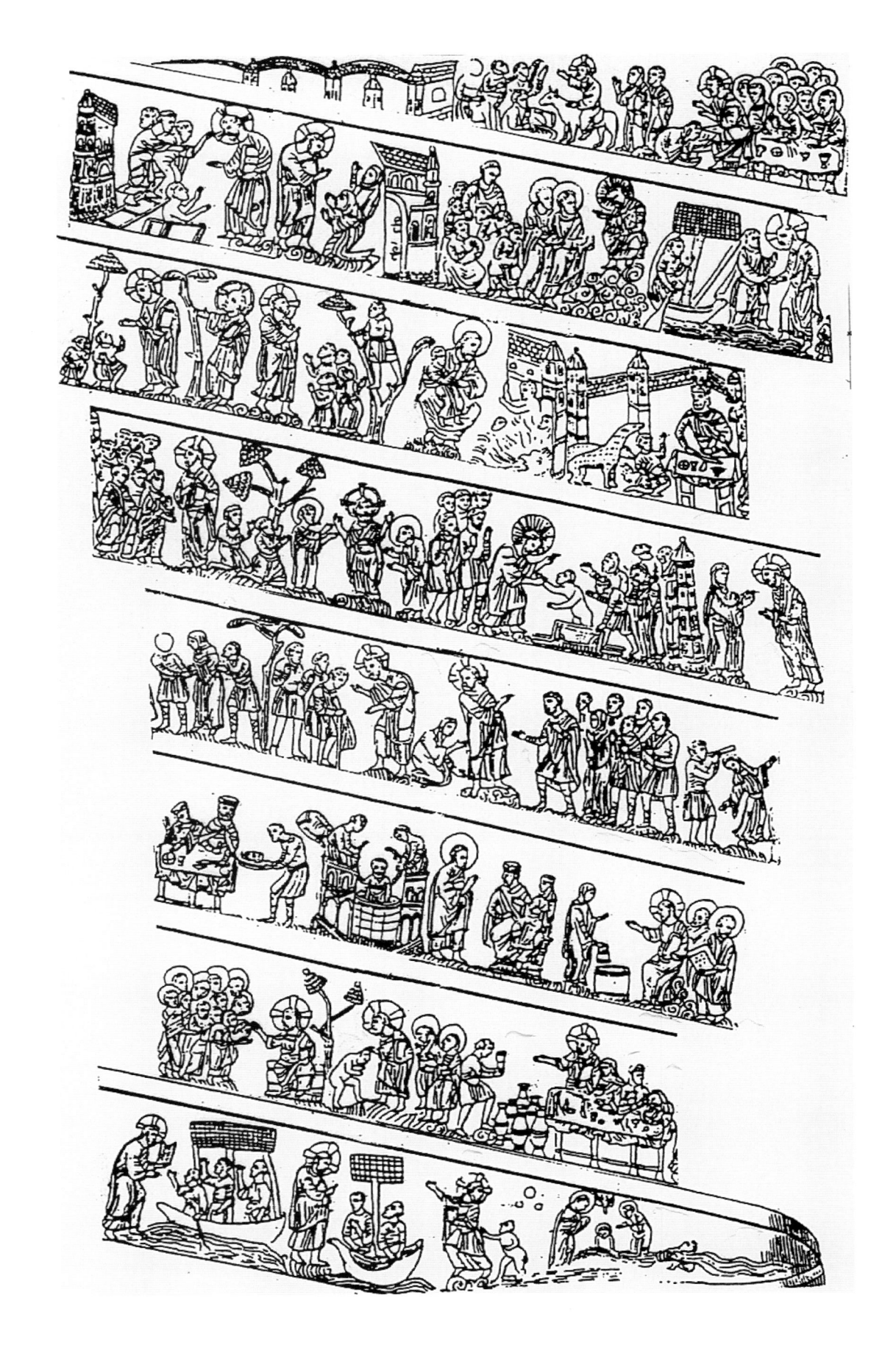

Bernwardsäule: Reliefabwicklung des Säulenschaftes

Die Urgestalt der Säule

Wenn wir die Christussäule heute im Querhaus des Doms besichtigen, müssen wir uns bewußt halten, daß wir nur den Torso der originalen Säule vor uns haben. Die künstlerische Aussage dieser Säule wird erst dann ganz verständlich, wenn wir sie uns in der Michaeliskirche in ihrem ursprünglichen liturgischen Zusammenhang vorstellen.

Zuerst stellt sich die Frage, wie die Säule im Raum orientiert gewesen war. Behilflich sind uns hier die Flußfiguren an den vier Ecken der Grundplatte. Wir erkennen noch gut, daß die beiden nebeneinandersitzenden Figuren, denen heute der Kopf fehlt, einander zugewandt sind. Die dritte hingegen, die noch ganz erhalten ist, wendet sich frontal dem Betrachter zu und der Symmetrie wegen müssen wir die gleiche Wendung auch für die einst danebensitzende Figur annehmen, die gänzlich abgeschlagen worden ist. Sicherlich bezeichneten dabei die einander zugewandten Figuren die nach Osten gerichtete Rückseite, die nach vorne blickenden aber die Vorderseite, die über dem Kreuzaltar aufragte.

Auf dieser Seite sehen wir in der Mitte auch die einzige frontale Ansicht im Reliefband: die Verklärung Jesu, die damit zur Zentralszene wird. Die Architektur, mit der darüber ganz oben der Zwickel des umlaufenden Bandes gefüllt ist, verstärkt diesen Charakter der Hauptansichtsseite. Nach Westen, zum Altar hin gerichtet war dabei sicherlich auch ganz oben der Gekreuzigte – sagt ja auch die alte Überlieferung, Christus sei mit dem Antlitz nach Westen[34] gestorben. (Die heutige Aufstellung im Dom hat also die ursprüngliche Orientierung gerade umgekehrt.)

Wenn wir aber nach dem ursprünglichen Gesamtbild der Bronzesäule fragen, müssen wir die älteren Berichte heranziehen, die uns – richtig gelesen – auch über die verlorenen Teile noch vieles überliefern.

Wir erfahren dabei Näheres über das bekrönende Kreuz, das schon im 16. Jahrhundert gestürzt wurde. Nach Michael Kratz (2. S. 62) war dieses Kreuz „wie die Säule aus Erz, das daran befestigte Bild des Erlösers aber war hohl und mit Reliquien ausgefüllt". Auf welche Quelle er sich dabei stützt, sagt uns Kratz nicht. Immerhin aber wird uns auch in Essen von einem reliquientragenden Gekreuzigten auf der Altarsäule berichtet.

Daß sich an dem bekrönenden Kreuz auf unserer Säule tatsächlich die Figur des Gekreuzigten befunden hat, bestätigen auch zwei ältere Hildesheimer Nachrichten. Eine angeblich von Abt Theoderich II. verfaßte, vom Jahr 1419 datierte niederdeutsche Lebensbeschreibung des Heiligen Bernward, „De Speigell von dem gulden Testament Sancti Bernwardi", erwähnt unser Kreuz als „grodt Cruciefix tho einer Anreisinge to forder Innicheit"[35], als ein „großes Kruzifix, das zur Andacht anregen soll". Bedenken wir, daß dies zu einer Zeit geschrieben wurde, als – vor allem unter dem Einfluß zisterziensischer Mystik – das Andachtsbild zu einem der vornehmsten Wege der Frömmigkeit und Versenkung geworden war, so kann der Verfasser hier schwerlich an anderes gedacht haben als an eine figürliche Darstellung des Gekreuzigten.

---

34 Radulf Glaber. Hist. 1,24
35 Hildesheim. Beverina. Hs 123. S. 38

36 Hildesheim. Beverina. Hs 136. S. 89

Deutlicher noch geht dies aus einer Hildesheimer Bischofschronik hervor. Nach ihr schuf Bernward die Kreuzigungsgruppe als das Gegenstück zum Götzenbild des Prone, das der Legende nach (wie wir bereits hörten) einst auf der Marmorsäule gestanden haben soll, die gegenüber, vor dem Kreuzaltar, aufgestellt war:

> Eburneam columnam (d. i. die Marmorsäule) hat er in seinem Closter auffrichten lassen, darauf das Idolum Prone gestanden, der soeben er eine entgegengesetzet, daran das Leiden und Sterben unseres Herrn Jesu Christi gegossen wurde.[36]

„Darangießen" bedeutet im alten Sprachgebrauch in einer Metallarbeit das Ansetzen.

Das „Leiden und Sterben unseres Herrn Jesu Christi" war demnach das Bildthema des Säulenaufbaus gewesen. Das bedeutet – gerade durch den Kontrast des Götzenbildes –, daß hier die metallene Figur des Gekreuzigten angebracht war. Die Formulierung „Leiden und Sterben" könnte zudem heißen, daß die Passion ausführlicher dargestellt war, und könnte damit schon einen Fingerzeig auf die Bebilderung des Kapitells geben.

Über das Aussehen der Kreuzigungsplastik ist uns nichts weiter überliefert. Da die Kreuzigung Christi aber zu den Hauptthemen der Kunst Bernwards gehört, haben wir genügend verwandte Darstellungen, die uns eine Vorstellung geben können, wie sie etwa ausgesehen haben mag: das silberne Kreuz, der bronzene und der große Holzkruzifixus von Ringelheim, die Kreuzchen im Einband des „Kostbaren Evangeliars" (das auch eine Kreuzigungsminiatur enthält) und im Goldenen Bernwardkreuz, vor allem aber das Kreuzigungsrelief der Bronzetür.

Über das Aussehen des ursprünglichen Kapitells glaubte man bislang so gut wie nichts zu wissen. Immerhin aber ließen die mittelalterlichen Bildgewohnheiten die sichere Vermutung zu, daß darauf die vier Evangelisten abgebildet waren. Den Anhaltspunkt dafür boten die Figuren der vier Paradiesflüsse auf den Ecken der Grundplatte. Dafür, daß diese oben eine Entsprechung fanden, spricht schon das schrägerhobene Haupt der erhaltenen Figur (Abb. S. 40), wahrscheinlich blickten auch die anderen leicht nach oben. Die Parallelisierung der Paradiesflüsse mit den vier Evangelien und ihren Verfassern ist schon den Kirchenvätern geläufig:

> Die Kirche, die die Stelle des Paradieses einnimmt, schließt nur fruchttragende Bäume innerhalb ihrer Mauern ein; derjenige unter ihnen, der keine gute Frucht bringt, wird herausgehauen und ins Feuer geworfen. Diese Bäume bewässert sie mit vier Flüssen, das heißt: mit den vier Evangelien, durch die sie die Gnade der Taufe in heilbringendem und himmlischem Überschwall spendet.

So etwa Cyprian (Brief 73,10). Von da ausgehend gehört die Gegenüberstellung der Paradiesflüsse und der Evangelisten (manchmal auch der vier großen Propheten) zu den festen Zusammenstellungen der Bildkunst (ein späteres Beispiel dafür ist auf dem Bronzetaufbecken des Hildesheimer Doms zu sehen). Eine Darstellung der Evangelisten läßt sich aber auch schon deshalb erwarten, weil auf dem Schaft Szenen aus den Evangelien abgebildet sind: so zeigte die Kreuzsäule Sugers mit ihren Bildern des Neuen und des Alten Testaments an der Basis die Evangelisten, im Kapitell aber vier Propheten.

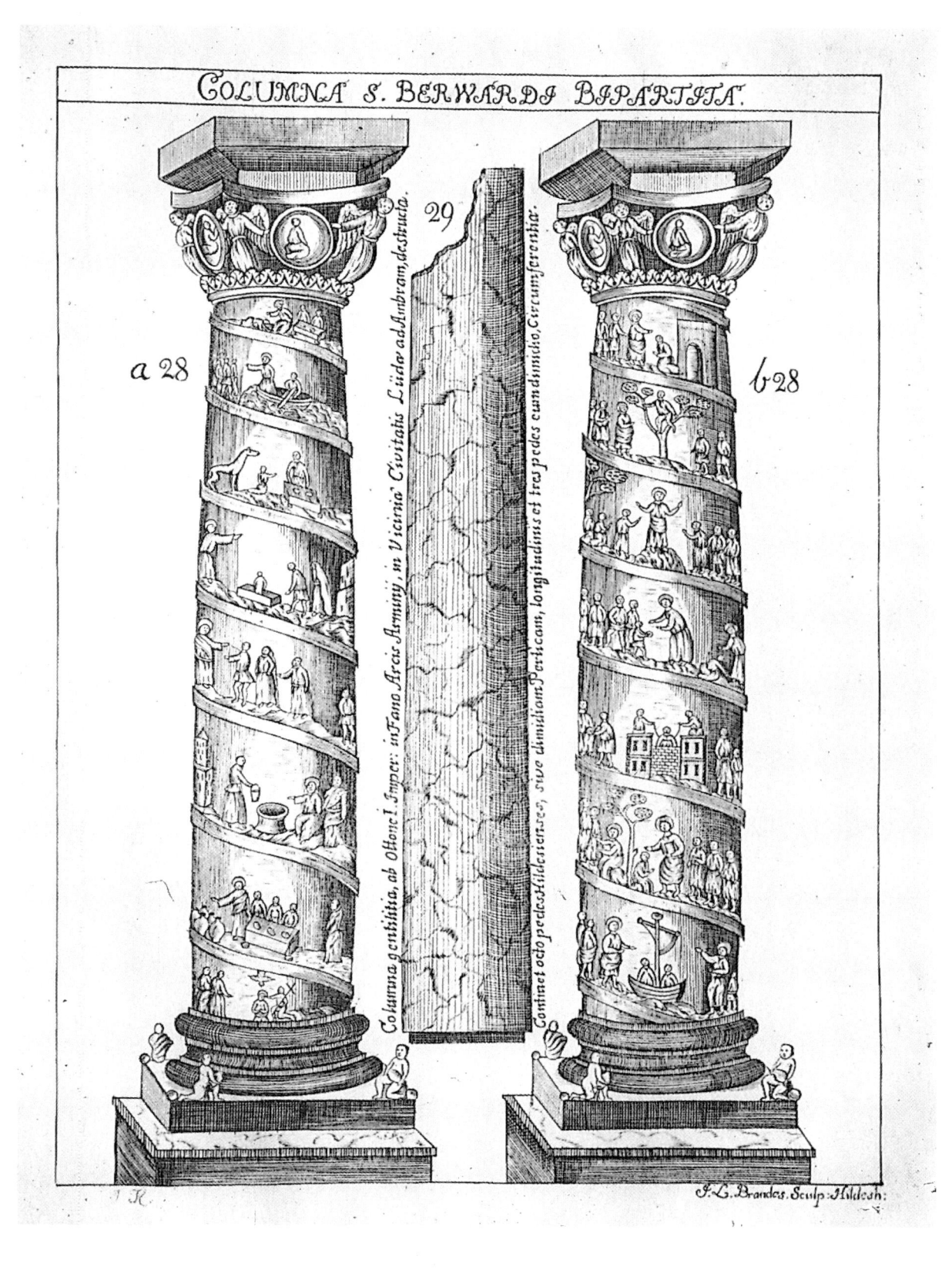

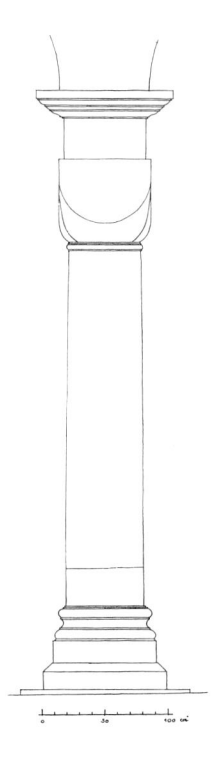

Links: Die Bernwardsäule mit dem Holzkapitell von 1676 (zwischen den beiden Ansichten der Schaft der Marmorsäule). Kupferstich um 1725

Oben: Bernwardinische Langhaussäule

Bei solcher – gut begründeter – Überlegung ließ man es bisher bewenden. In einer älteren Abbildung, die bislang in diesem Zusammenhang keine Beachtung fand, die wir aber nun neu bewerten müssen, hat sich gleichwohl ein Reflex des bernwardinischen Kapitells erhalten. Es handelt sich um ein Blatt aus dem Kupferstichwerk „Gloriosa Antiquitas Hildesina", in dem der Hildesheimer Stecher Johann Ludwig Brandes in den ersten Jahrzehnten des 18. Jahrhunderts, spätestens aber 1732, die Kunstaltertümer seiner Stadt festhielt. Auf dem Blatt sehen wir Bernwards Bronzesäule in zwei Ansichten (zwischen ihnen der Schaft der Marmorsäule, die damals schon im Kreuzgang lag). Die Wiedergabe wirkt plump und zu sehr in die Breite gezogen – wohl um das Blattformat besser auszufüllen. Für uns aber ist der Stich schon deshalb höchst wertvoll, weil er noch vor oder kurz nach der Niederlegung der Säule von 1723 entstanden ist.

Brandes zeigt die Säule mit einem Sockel und einem Kapitell, die wir sonst beide nicht mehr kennen würden.

So erfahren wir hier zunächst auch etwas über den verlorenen Unterbau. Bei Brandes steht die Grundplatte auf einem großen Quader, der oben mit einer dünnen (Marmor-?) Platte abschließt. Daraus ist zu schließen, daß die Säule erhöht stand und die Grundplatte sich etwa auf der Höhe des Altarsteines befunden haben müßte, so daß der Sockel gut unmittelbar an den Altar angeschlossen haben kann.

Auf der Grundplatte sehen wir dort noch unversehrt die beiden einander zugewandten Flußfiguren zu den Seiten der Szene der Jesustaufe. Daß Brandes dasselbe Paar auch auf der Vorderseite zeigt, deren beiden Flußfiguren nach außen sahen, scheint eine Flüchtigkeit zu sein. Jedenfalls bestätigt er in der Auswahl der Ansichten auch unsere Überlegung über die ursprüngliche Orientierung. Die Säule war ja 1667 unter den neuen Turm gerückt worden und stand somit in der Mitte der Ostvierung, die der Besucher damals durch den Turmeingang vom Osten her betrat, so daß er zuerst die eigentliche Rückseite sehen mußte.

Noch interessanter ist aber das Kapitell, das Brandes über dem Schaft abbildet. Friedrich Küsthardt nahm es später als Anregung für den modernen Kapitellentwurf. Die Kunsthistoriker zweifelten aber daran, „ob und wieweit" (Stephan Beißel) es mit dem Bronzekapitell Bernwards überhaupt etwas zu tun haben könnte.

Eine neuentdeckte Notiz führt hier weiter. Da Brandes seine Zeichnung noch vor der Niederlegung der Säule entwarf, können wir zunächst sicher sein, daß er noch das Holzkapitell vor sich hatte, das 1676 an die Stelle des alten Bronzekapitells gesetzt worden war. Gab es doch in den dazwischenliegenden 50 Jahren keinen Anlaß, dieses Holzgebilde zu verändern (es wird wohl erst bei der Versetzung auf den Domhof verloren gegangen sein).

Bisher unbeachtet blieb, daß ein Zeitgenosse von Brandes, der Prior Jakob Bötticher in seiner handschriftlichen Abtchronik, die wir bereits öfter zitierten, über die Abnahme des bernwardinischen Kapitells folgendes sagt:

> Das aufs kunstvollste gearbeitete große Kapitell dieser Säule nahmen die lutherischen Ketzer ab und zerschlugen es ohne unser Wissen... An den Ort des beseitigten Kapitells aber setzten sie eines aus Holz, das nach der Form des früheren Bronzekapitells gearbeitet und jenem auch sonst ähnlich war.[37]

Bötticher sagt uns also, daß das Holzkapitell eine vergröberte Kopie des Bronzekapitells war. Dies wird uns auch durch den Abt Benedikt bestätigt[38], der sich seinerzeit über das Einschmelzen des „etliche 100 Pfund" schweren Bronzekapitells beklagte und daß man darüber hinaus noch so dreist gewesen sei,

> an dessen Stelle, aber ein hölzernes Werck zu surrogieren, dasselbig auch mit Staub, Spinnenweben und anderen augenverblendenden Sachen also angerichtet, daß man den Streich nicht merken sollte, wie dan auch dem fernen äußerlichen Schein nach fast nicht zu unterscheiden, ob es da alte ertzin oder neure holtzern Capitellum sey.

Somit kann der Brandessche Stich, auf dem wir das Holzkapitell sehen, auch Hinweise auf das Kapitell Bernwards geben.

Was heißt dies im einzelnen? Am getreuesten ist – so sagt der Prior – die alte Form bewahrt geblieben. Brandes zeigt in den vier Ecken geflügelte Figuren und zwischen ihnen Kreismedaillons, deren Bildinhalt beinahe unkenntlich ist. Auf das Kapitell aber setzt er einen quader- oder würfelförmigen Kämpfer, der mit einer großen, überkragenden quadratischen Platte abschließt, die der Grundplatte entspricht. Daß schon das Bernwardskapitell Kämpfer und Kämpferplatte besaß, bestätigt uns eine Hildesheimer Chronik:

> Diese Säule, vom hl. Bernward kunstfertig entworfen, ausgearbeitet und aus Messing oder vielmehr geschmolzenem Erz gegossen, enthält, schon mit der Gußform angelegt, die Bilder der Hauptereignisse des Neuen Testaments. Sie steht in der Michaeliskirche, die jetzt von den Anhängern des Augsburgischen Bekenntnisses genutzt wird, unter dem Ostturm hinter dem Altar im Dunkeln. Das Kapitell dieser Säule mit dem Kämpferblock und der Bekrönung wurde in der Zeit der Reformation – für ein Kriegsgeschütz, wie man sagt – eingeschmolzen und an seine Stelle ein hölzernes gesetzt.[39]

Rechnen wir nun noch ein, daß Brandes die ganze Wiedergabe etwas in die Breite zieht, so können wir hier den charakteristischen Aufbau des bernwardinischen Würfelkapitells wiederfinden. Ein solches, einer Würfelform eingeschriebenes Kapitell mit einem Kämpferwürfel und einer Kämpferplatte saß im bernwardinischen Bau der Michaeliskirche auf allen 12 Säulen des Langhauses. Nach der einschneidenden Umgestaltung der Kirche zum Ende des 12. Jahrhunderts (vor 1190 unter Bischof Adelog) wurden die meisten dieser Säulen durch höhere ersetzt und erhielten auch neue Kapitele. Nur die beiden nordöstlichsten blieben mit ihren Kapitellen erhalten. Wie wir dort an den Kämpferblöcken Heiligennamen eingemeißelt sehen, so wird wohl der Kämpfer auf dem Bronzekapitell ebenfalls eine Inschrift getragen haben: wahrscheinlich war in ihr der Stifter selbst genannt auf eine ähnliche Weise wie auf der Mittelleiste der Bronzetür. Ein Reflex dieser Inschrift hat sich vielleicht in der Bemerkung Böttichers erhalten, Bernward habe die Säule „zu Ehre und Ruhm unseres Erlösers, des ewigen Königs" („in honorem et gloriam Redemptoris nostri aeterni Regis") errichten lassen.

37 Bötticher S. 6–7
38 Schreiben vom 1. Okt. 1676 (wie Anm. 13)
39 Hildesheimer Chronik. Zitiert bei Zeppenfeldt. In: Beiträge zur Hildesheimer Geschichte. Bd. 2. Hildesheim 1829. S. 17

Die Ähnlichkeit mit den bernwardinischen Langhaussäulen ist ein letzter Beweis, daß uns durch Brandes – über das Holzkapitell – noch die alte Form des Bronzekapitells überliefert ist.

Auf diese Weise läßt uns der Stich des 18. Jahrhunderts den ursprünglichen Gesamteindruck wiedergewinnen. Zunächst ergibt sich schon, daß die ganze Säulenkonstruktion höher gewesen sein muß, als bislang vermutet. Da zum heutigen Rumpf von 379 cm nicht allein Kruzifix und Kapitell – beide in den Zeugnissen als „groß" bezeichnet – hinzukamen, sondern auch noch Sockel, Kämpfer und Kämpferplatte, können wir eine Gesamthöhe von annähernd 8 m errechnen.

Sodann aber hatte die Säule durch den Aufbau im ganzen einen quaderförmigen Umriß. Entsprachen doch dem Sockel und der Grundplatte auf dem oberen Abschluß Kapitell, Kämpfer und Kämpferplatte mit korrespondierenden quadratischen Formen. (Der barock geschwungene Abschluß des Holzkapitells geht dabei auf die Kosten des Holzbildhauers von 1676 oder des Kupferstechers.) Dabei wird auch die ikonographische Vermutung durch den Stich insoweit bestätigt, als dort den Paradiesflußfiguren der Grundplatte im Kapitell tatsächlich vier Eckfiguren gegenübergestellt sind. Freilich sind die Kapitellfiguren bei Brandes geflügelt und sehen damit eher aus wie Engel und nicht wie die Evangelisten, die wir ikonographisch hier erwarteten.

Für diese Diskrepanz lassen sich mehrere Erklärungen finden. So können nach der geläufigen Gleichsetzung der Evangelisten mit den vier geflügelten Tierwesen am Throne Gottes (Offb. 4,8) schon auf dem Bronzekapitell selbst die Evangelisten mit Engelsflügeln dargestellt gewesen sein. Vielleicht war dabei auch der Typus der Siegesgöttinnen eingeflossen, die auf antiken Denkmälern den Ehrenschild halten – eine solche Anspielung würde sich in die Idee der christlich umgedachten Triumphsäule gut einfügen. Es ist auch möglich, daß der Holzbildhauer des 17. Jahrhunderts, vom Bild des Matthäus ausgehend, der oft in Engelsgestalt dargestellt ist, die vier Eckfiguren als Engel mißverstanden hat. Wahrscheinlich aber liegt hier einfach wieder eine Flüchtigkeit des Kupferstechers vor.

Damit sind wir bei der bildlichen Ausgestaltung, bei welcher der Holzschnitzer ja – anders als bei der Form – nur „teilweise" getreu geblieben ist.

Jedenfalls wissen wir durch Bötticher, daß das alte Kapitell „elegantissime elaboratum", also aufs kunstvollste gearbeitet gewesen war. Vom Original übernommen sind hier sicherlich nicht allein die Eckfiguren, sondern auch die kreisförmigen Rahmungen, die von ihnen gehalten werden. Sind doch auch die Seiten des typischen bernwardinischen Würfelkapitells von der Kreisform bestimmt.

Was Brandes innerhalb dieser Medaillons abbilden will, bleibt undeutlich. Friedrich Küsthardt verstand es als kniende Gestalt (ähnlich der knienden Schwester des Lazarus auf dem Schaft), die er auf allen Seiten seines Entwurfs abbildete. Wenn aber schon der Holzschnitzer die Einzelheiten des Originals nur „teilweise" wiedergab, darüber hinaus auch Brandes in den Details ungenau ist, läßt uns der Kupferstich hier im unklaren. Wir können aber annehmen, daß jenes „aufs kunstvollste gearbeitete" Kapitell in seinen Kreisrahmen ganze Reliefszenen zeigte. Als Inhalt lägen dabei weitere Themen aus dem Jesusleben am nächsten.

Eine Replik des bernwardinischen Bronzekapitells in St. Godehard?

Nachdem wir durch Bötticher nun wissen, daß das Holzkapitell, dessen Aussehen uns der Kupferstich überliefert, dem Bronzekapitell Bernwards doch in vielem gleich war, haben wir schon ein gewisses Bild vom originalen Aufbau der Christussäule zurückgewonnen. Mit diesem Bild auffallend überein stimmt ein Hildesheimer Steinkapitell, das zwar erst in den Sechzigerjahren des 12. Jahrhunderts, also eineinhalb Jahrhunderte später entstand, aber eindeutig auf ein bernwardinisches Vorbild zurückgeht. Es handelt sich um das Kapitell einer der Langhaussäulen in der Klosterkirche St. Godehard. Es ist dort unter den anderen das einzige, das figürlich reich ausgestaltet ist, und sticht auch durch seine künstlerische Qualität hervor.

Nun zeigt dieses vierkantige Kapitell auf den Seiten Dreiergruppen in hohem Relief, die geradezu als Ausschnitte aus der Bronzetür Bernwards bezeichnet werden müssen. Auf der östlichen Seite sehen wir Maria im kastenförmigen Wochenbett mit einem Buch in der Hand, hinter der Liegenden Josef, dem üblichen Bildtypus folgend die Wange in die Rechte gelegt, und neben ihm eine Hebamme, die in ungewohnter Weise das Kinn mit dem Handrücken unterstützt. Die nördliche Seite zeigt den anderen Teil des Geburtsbildes: das Kind bei Ochs und Esel und darüber den Kometen. Sehen wir einmal vom Stern ab, so finden wir in diesen beiden Reliefs – der letzte Beweis ist die rechte Hand der Hebamme – nichts geringeres als eine steinerne Übertragung des Geburtsbildes vom rechten Flügel der Bronzetür. Die südliche Seite wiederholt uns das übernächste Bildfeld dieses Bronzeflügels in der zentralen Gruppe bei der Darstellung Jesu im Tempel: Simeon nimmt das Messiaskind aus den Händen der Mutter entgegen. Hier wie dort erteilt das Kind dem Greis den Segen. Das westliche Bild gibt eine Gruppe des darüber folgenden Feldes der Tür wieder: Jesus wird von zwei Häschern vorgeführt – den Richter spart das Kapitell aus. Die Haltung der Figuren – vor allem die abwärts gestreckten Arme des Angeklagten und die zum Schlag erhobene Hand des linken Knechtes – beweist, daß es sich um den gleichen Entwurf handelt.

Wir haben also vier Gruppen aus dem rechten Flügel der Bronzetür vor uns. Für sich ist die Auswahl der Szenen – Kindheit und Beginn der Passion Jesu – wenig sinnvoll. Damit liegt schon die Vermutung nahe, daß hier ein bernwardinisches Kapitell als Vorlage gedient hat, in dem Szenen der Bronzetür wiederholt waren, das aber selbst in einem größeren Bildzusammenhang stand.

Eine Kopie oder Replik bernwardinischer Kunst kommt in St. Godehard nicht unerwartet. Errichtete man die Kirche doch in einer Zeit, als die Verehrung Bernwards und seines Grabes in der unweit entfernten Michaeliskirche gerade den ersten Höhepunkt erreicht hatte (schon 1150 war auf der Provinzialsynode von Erfurt ein Altar über dem Grab Bernwards zugestanden worden). Wohl deshalb – gleichgültig ob nun Achtung oder Konkurrenz der Grund gewesen sein mag – weist die Bauanlage der Godehardikirche zahlreiche Anleihen von der Kirche des älteren Nachbarklosters auf. Damit nicht genug: im Kirchenschatz von St. Godehard finden wir ein bronzenes Vortragekreuz aus dem Ende des 12. Jahrhunderts, das eine bis ins einzelne gehende Kopie des silbernen Bernwardkreuzes ist. Wir wissen damit, daß man auch plastische Werke Bernwards für die neuerbaute Kirche St. Godehard kopieren ließ.

Bei dieser Neigung, St. Michaelis zu imitieren, gerät in der Godehardikirche das Kapitell mit den bernwardinischen Zitaten schon allein durch seinen Ort – nämlich an der nordöstlichsten Säule des Langhauses – in eine Nähe zur Bronzesäule von St. Michael. Wie diese hinter dem Kreuzaltar stand, so befindet sich die Langhaussäule mit diesem Kapitell auch in ihrem Kirchenraum in nächster Nähe des ehemaligen Kreuzaltars (der in St. Godehard westlich vor der Vierung stand). Vor dieser Säule selbst stand vermutlich der Ambo von St. Godehard. Was uns aber eigentlich dazu führt, im Steinkapitell von St. Godehard eine Kopie des originalen Kapitells der Christussäule zu erkennen, ist seine Gestaltung.

Wie das Holzkapitell bei Brandes zeigt auch das Steinkapitell vier gegürtete Eckfiguren. Daß es sich hier aber eindeutig um die Evangelisten handelt – die südwestliche Figur hält ein Buch –, deckt sich mit der ikonographischen Vermutung, daß bei der Christussäule den Paradiesflüssen der Grundplatte im Kapitell die vier Evangelisten entsprochen haben müssen.

An ein kleineres Werk Bernwards, das ebenfalls säulenartige Struktur aufweist, erinnern die Kopfkonsolen, auf denen die Evangelisten stehen. Ihnen ähneln die drei Kopfmasken, die sich unter den Lichttellern der beiden Silberleuchter befinden und zu denen – unseren Paradiesflüssen vergleichbar – vom Leuchterfuß drei männliche Figuren emporblicken.

Die Evangelisten des Steinkapitells deuten mit ihren abwechselnd auf- und abwärts gerichteten Armen auch Kreisformen an, die den Medaillonrahmen bei Brandes entsprechen. Reste dieser kreisförmigen Rahmungen sind noch dort zu erkennen, wo die Evangelisten mit ihrer Hand eine Pflanzenranke oder ähnliches fassen. Aber auch die Reliefgruppen selbst zeigen jeweils kreisförmige Umrisse. Daß auf der Vorlage die Evangelisten richtiggehende Kreisrahmen (vielleicht in pflanzlichem Dekor) in den Händen hielten, ist gut vorstellbar.

Wenn wir uns aber dieses Steinkapitell über dem Schaft der Christussäule vorstellen, wird auch die sonst willkürlich erscheinende Auswahl der Bildthemen plötzlich einleuchtend. Als Szenen aus dem Leben Jesu fügen sie sich zum einen schon zur Thematik der

Reliefs auf dem Schaft. Sodann aber ist gerade die Szenenfolge herausgegriffen, in der die Bronzetür einen bezeichnenden Sprung im Erzählgang vollzieht. Die untere Hälfte des rechten Türflügels hat ja die Geburt und Kindheit Jesu – bis zur Darstellung im Tempel – zum Thema, während die obere Hälfte mit der Verurteilung Jesu fortfährt und dann Kreuzigung und Auferstehung schildert. Gerade das öffentliche Wirken ist zwischen den beiden Hälften ausgelassen. Daher hat man immer schon vermutet, daß das Reliefband der Bronzesäule gerade dazu gedacht war, durch die Szenen des öffentlichen Jesuslebens den rechten Türflügel Bernwards erzählerisch zu ergänzen.

Diese ergänzende Absicht wird besonders klar in der Ausrichtung des Kapitells. Die Verurteilung Jesu steht auf der Westseite, also der Gebetsrichtung entgegen. Somit befand sich dieses Relief auf dem Bronzevorbild über dem Altar an der Hauptschauseite der Säule. Thematisch konnte also das Verurteilungsbild die Erzählung der Reliefspirale fortsetzen, die eben rechts davon mit dem Einzug in Jerusalem endet. Das Kapitellrelief leistete hier die Überleitung von der Bilderzählung des Schaftes zur Kreuzigung, die sich ganz oben ebenfalls von dieser Seite her dem Betrachter zuwandte.

Die Themen der Geburt und Kindheit Jesu befanden sich auf den drei rückwärtigen Seiten, die weder in der Verlängerung des Spiralbandes noch in der gleichen Ansicht mit der Kreuzigung standen. An dieser Stelle konnten diese Reliefs zu Jesu öffentlichem Leben seine Kindheitsgeschichte nachtragen. Auf diese Weise schließen sich die Reliefs des Schaftes der Christussäule und die des Steinkapitells von St. Godehard zu einem einzigen, sinnvollen Bildprogramm zusammen. Diese Einheitlichkeit wird noch durch theologische Bezüge zwischen den Darstellungen des Kapitells und darunterliegenden Szenen des Reliefbandes verstärkt.

Die Geburt Jesu (Lk 2,7–20)

Die Geburtsszene ist diptychonartig auf zwei Kapitellseiten verteilt. An der östlichen Rückfront erhält die im Wochenbett liegende Gottesmutter einen zentralen Platz. Die Szene des Reliefbandes, die unmittelbar darunter stand, ist das Gastmahl in Betanien, das durch die anwesenden Zwölf auch den Charakter des heiligen Abendmahls trägt. In der Verbindung zwischen den beiden Bildern scheint ein theologischer Gedanke auf: die Gleichheit der eucharistischen Wandlung und der Menschwerdung Christi. Diese Theologie knüpfte an Jesu Selbstbezeichnung als „Brot, das vom Himmel kommt" (Joh 6,51) an, wobei auch der Name des Geburtsortes „Bethlehem" als „Haus des Brotes" herangezogen wurde.

„Er füllte im Himmel den Tisch der (friedenkündenden) Engel, er füllt auf Erden unsere Krippe; damit der Mensch das Engelsbrot esse, ist der Schöpfer der Engel Mensch geworden", formuliert es Augustinus (Predigt 194).

Bernwardtür. Hildesheim, Dom

Diese Gleichung von Menschwerdung und eucharistischer Wandlung gilt vor allem in der Ostkirche, wo sie sogar in die Meßliturgie eingegangen ist. Die griechischen Theologen vergleichen das Herabkommen des Geistes auf Brot und Wein (Epiklese) mit der Überschattung Marias durch den Geist (Lk 1,35) bei der Menschwerdung Christi. Sie setzen dabei auch den Leib der Gottesmutter mit dem eucharistischen Tisch gleich – ein Vergleich, den Bernward noch ein anderes Mal andeutet: das Widmungsbild des „Kostbaren Evangeliars" zeigt links Bernward im Bischofsornat vor einem Altar, der die eucharistischen Gaben trägt, rechts gegenüber aber die Gottesmutter, die den Menschgewordenen auf dem Schoß hält.

Hinter dem Wochenbett stehen zwei Gestalten. Joseph rechts, die Wange in die Hand gelegt, entspricht der üblichen Darstellung: die Geste zeigt Trauer und Sorge an, die den Ziehvater bei dem Gedanken an das zukünftige Todesschicksal des neugeborenen Kindes bewegen. Eine Besonderheit aber ist die linke Figur. Zwar finden wir in anderen Geburtsdarstellungen Salome, die legendäre Hebamme Jesu, die sich am Wochenbett behilflich macht oder nach einer anderen Legendenfassung ihre Hand vorweist, die ihr zur Strafe für ihren Unglauben über die Jungfrauengeburt verdorrte. Die Frau hier aber unterstützt das Kinn mit ihrem rechten Handrücken. Diese nachdenkliche Haltung ist von der antiken Bildsprache her für die Gestalt der Sibylle kennzeichnend.

Die Sibylle von Cumae, die im berühmten 4. Hirtengedicht des Vergil das anbrechende goldene Zeitalter und die Geburt seines göttlichen Herrschers ansagt, war für die christlichen Ausleger eine Trägerin heidnischer Messiaserwartung. Daß gerade die Sibylle des vergilischen Gedichtes gemeint ist, wird bestätigt durch die Krone, die der Neugeborene trägt: mit ihr geht das Kapitell an Deutlichkeit über das Schwesterbild auf der Bronzetür noch hinaus. Im sibyllinischen Schrifttum, das schon in der Antike entstand und im ganzen Mittelalter, vornehmlich aber in den Jahrzehnten um die Jahrtausendwende verbreitet war, erscheint die Sibylle vor allem als Künderin des wiederkommenden Christus am Weltende. So verschmilzt in dieser Gestalt die voradventliche Prophetie von der Geburt des Messias mit der apokalyptischen Weissagung vom Kommen des ewigen Richters und Weltherrschers.

Eine niedersächsische Buchminiatur des späten 12. Jahrhunderts gibt einer ähnlichen Frauenfigur am Wochenbett der Gottesmutter ein Spruchband bei mit dem Vers eines dieser Sibyllenbücher: „Vom Himmel herab wird kommen der ewige König". Der Spruch ist einer Versreihe entnommen, in der es um die Herabkunft Christi beim Weltgericht geht. Diese Sibyllenverse waren besonders bekannt geworden, weil Augustinus sie in seinem „Gottesstaat" (28,23) zitiert. Sie sind überdies in der Form des „Akrostichons" angeordnet, d.h. daß die Anfangsbuchstaben der Verse für sich gelesen einen weiteren Sinn ergeben, in diesem Fall die formelhaften Worte „Jesus Christus Sohn Gottes Heiland", deren Anfangsbuchstaben ihrerseits im griechischen Original das Wort „ichthýs" bilden, was

„Fisch" bedeutet – ein Christussymbol. „Fisch, eine Bezeichnung, unter der man im Geheimnis Christus versteht, weil er in dem Abgrund dieser Sterblichkeit wie in tiefen Gewässern lebendig, d. h. ohne Sünde, sich aufzuhalten vermochte", sagt Augustinus dazu. Der Kirchenvater hebt noch ausdrücklich hervor, daß die Zahl dieser Verse 27 beträgt, „eine Zahl, die das Quadrat von 3 zum Kubus vervollständigt". Eine Idealzahl also, die in einer besonderen Beziehung zu Christus steht. Von diesem Zahlensymbol kann es auch herrühren, daß es – isoliert betrachtet (vgl. Adamski) – 27 Einzelszenen sind, in denen auf unserem Reliefband das Leben Christi beschrieben wird – und möglicherweise verweist auch das würfelförmige Grundmaß des bernwardinischen Kapitells[40] überhaupt in seiner Vollkommenheit auf den „Eckstein" (Mt 21,4) Christus[41].

Das Sibyllenbuch schließt an dieser Stelle noch weitere Verse an, deren Anfangsbuchstaben im Urtext „staurós" lauten, was der griechische Name für das Kreuz ist:

> Aber ein Zeichen wird dann für Alle, ein kenntliches Siegel
> Für die Gläubgen das Holz sein, das Horn, nach dem man begehret,
> Das die Berufnen mit Wasser durch zwölffache Quellen erleuchtet ...
> Das ist der unsrige Gott, ...
> Der Erlöser und König, unsterblich, der für uns gelitten ...
> Er der Davids-Stab, und der Stein, welchen einst er verheißen,
> Und wer glaubet an ihn, wird haben das ewige Leben.
> Denn in Herrlichkeit nicht, als Mensch kommt er zum Gerichte,
> Elend, entehrt und entstellt, um den Elenden Hoffnung zu geben.
> Und er wird geben Gestalt dem vergänglichen Fleisch, den Ungläub'gen
> Himmlischen Glauben verleihn, und wird umgestalten den Menschen,
> Welchen Gott selbst anfänglich gemacht mit eigenen Händen.   (Sib 8,244–260)

„Kostbares Evangeliar" Bernwards: Geburt Christi

Die Friedensherrschaft, die mit der Geburt Christi anhebt, um immerfort weiter zu wachsen, macht also das engere Thema dieses Geburtsbildes aus.

Die Sibyllenbücher selbst knüpfen diese Hoffnung an die Vorstellungen von einem irdischen Endreich, das diese Himmelsherrschaft einleiten und schon ihr diesseitiges Abbild sein soll. Die Vermischung religiöser Heilshoffnung mit politischer Prognose – die Cumäische Sibylle hatte den alten Römern ja als die Verfasserin ihres Staatsorakels gegolten, das der Senat bei seinen entscheidenden Beschlüssen befragte – macht ohnehin das Charakteristische der sibyllinischen Weissagungen aus. In diesem Sinne steht die Sibylle auch innerhalb des Horizontes der utopischen Pläne von einem neuen römischen Weltreich, die Bernwards Schüler Otto III. hegte.

Bernward, der im Jahr 1001 bei seinem Ausfall auf dem Palatin den ewigen „Friedenskönig" herbeiruft, will sicherlich die Herrschaft seines Kaisers in diesem himmlischen Königtum verankern. Wenn der Biograph noch eigens hinzufügt, daß diese Herrschaft schon mit der Geburt Christi ihren Anfang genommen habe, dann dürfen wir das Bild danebenhalten, das uns hier den neugeborenen Christus mit der Königskrone und die prophetische Künderin der kommenden Friedensherrschaft an seiner Krippe zeigt.

---

40 Isidor (In Ex. 51) vergleicht allgemein das Kapitell der Säule mit Christus als dem Haupt der Kirche.

41 Wenn die Bernwardsäule an der Grundplatte und in den untersten Reliefs (Taufe und Jüngerberufungen) Wasser abbildet und in der ersten Szene, der Johannestaufe, Christus in dieses „Grundwasser" stellt, mag der Gedanke an diese Fischsymbolik des Augustinus vielleicht abschweifend, aber doch anmutig genug sein. Das „Kostbare Evangeliar" Bernwards jedenfalls bildet im Jordan der Johannestaufe vier goldene Fische als Zeichen des adventlichen Christus ab.

Langhauskapitell (um 1160), Hildesheim, Godehardikirche. Geburt Christi

Der zweite Teil dieses Geburtsbildes, die Krippe auf der Nordseite des Kapitells, macht auch Anleihen bei den zwei Krippendarstellungen des „Kostbaren Evangeliars". Auch dort sehen wir den Stern seinen Kometenstrahl auf eine Krippe werfen, in der das Kind wie auf einem Altar ausgesetzt liegt. Beide Bilder des Evangeliars heben das Herrschertum des Kindes hervor, wenngleich nicht durch eine Krone, wie dies unser Relief tut. Im „Kostbaren Evangeliar" zeigt die eine Miniatur – eine ganz ausgefallene Illustration zum Eingang des Johannesevangeliums – über der Krippe noch einmal Christus, und zwar zwischen den Seraphim in der Herrlichkeit des Weltkönigs („Majestas Domini"), von dem der Stern seinen Glanz empfängt und an ihn als den Menschgewordenen in der Krippe weitergibt. Unter der Krippe sehen wir dort in Wasserwellen die allegorischen Figuren des Ozeans und der Erde: die Erde mit den Stammeltern Adam und Eva im Schoß, zu denen eine Schlange von einem Baum (er wächst rechts neben der Krippe, dem Baum unseres Reliefs ähnlich) eine goldene Frucht herabreicht. Unter der Gestalt des Ozeans schwimmen in den Meerestiefen zwei goldene Fische: Symbole des Menschgewordenen in seiner freiwilligen Niedrigkeit, wie wir von Augustinus wissen.

Das andere Menschwerdungsbild des „Kostbaren Evangeliars" stellt die Krippe in die Mitte zwischen drei Engel, die oben von der Sphäre des Sterns herabblicken, und den drei Weisen des Morgenlandes, die sich vom unteren Bildabschnitt aus mit ihren Gaben huldigend nach oben wenden.

Der Stern mit seinem Strahl bezeichnet hier also in einem johanneischen Sinn das erste Schöpfungslicht, das nun in die Welt hinabsteigt, ohne sich „von der Finsternis begreifen" (Joh 1,5) zu lassen. Er ist das Symbol der göttlichen Herrlichkeit des Neugeborenen. Wir können uns vorstellen, wie einst in der Michaeliskirche der Stern des Kapitellreliefs gleichsam das Licht der darüberschwebenden Leuchterkrone nach unten weiter vermittelte.

Auf dem Schaft erschien unter dem Kind in der Krippe der auferstehende Lazarus in seinem Sarg. Eine Verbindung zwischen den beiden Bildern besteht im Gedanken, daß Christus durch seine Menschwerdung der ganzen Menschheit die Befreiung vom Tode brachte: „Er wurde in Windeln gewickelt, damit du von den Todesstricken befreit wirst", ermahnt Ambrosius seine Gläubigen im Anschluß an Lk 2,32.

Die Darstellung Jesu im Tempel (Lk 2,25–38)

Simeon nimmt das Jesuskind aus den Armen der Mutter, die gekommen ist, den Erstgeborenen nach 40 Tagen im Tempel darzustellen. Simeon, der in der Gewißheit lebt, „er werde den Tod nicht schauen, bevor er den Messias des Herrn gesehen habe", stellt sich hier als inspirierter Prophet des Messias neben die sibyllinische Hebamme des vorangegangenen Reliefs.

In seinem Wort vom „Licht, zu erleuchten die Heiden und zum Preis deines Volkes Israel," erkennt er das Kind als das göttliche Licht, das sich im gegenüberliegenden Bild

*Langhauskapitell (um 1160), Hildesheim, Godehardikirche. Darstellung Jesu im Tempel
Rechts: Verurteilung Jesu*

durch den Stern ausdrückt. Gleichzeitig aber sagt der Greis dem Kind auch das künftige Leiden voraus.

Das Wort vom „Zeichen, dem widersprochen werden wird", erfüllt sich im links folgenden Bild mit der Verurteilung Jesu.

Als die Hoffnung aller, „die auf die Erlösung Jerusalems glauben", beweist sich Jesus auch in der Szene, die gerade unterhalb auf dem Schaft anschloß: dort sehen wir den Erlöser mit dem gleichen Segensgestus nach Jerusalem einreiten. Dem Eintritt des Kindes in den Tempel von Jerusalem entspricht darunter der Einzug des Leidensbereiten in die Stadt des Tempels. Das Thema „Jerusalem" ist angeschlagen: „Ich mache dich zum Licht für die Völker, damit mein Heil bis an das Ende der Erde reicht", auf dies Prophetenwort (Jes 49,6) setzt Simeon die Hoffnung Jerusalems. Eine verwandte Weissagung (Sach 9,9) sieht der Evangelist Matthäus bei Jesu Eintritt in Jerusalem erfüllt:

> Sagt der Tochter Zion: Siehe, dein König kommt zu dir. Er ist friedfertig, und er reitet auf einer Eselin und einem Fohlen, dem Jungen eines Lasttiers ... er verkündet den Völkern den Frieden; seine Herrschaft reicht von Meer zu Meer und vom Eufrat bis an die Enden der Welt.

Mit seiner Darstellung im Tempel beginnt also schon der königliche Einzug Jesu in die Stadt Gottes.

Das Verhör Jesu (Mt 26,59–60)

War schon in den drei rückwärtigen Szenen des Kapitells der Akzent auf die Göttlichkeit und Messianität Jesu gelegt, so hat die Vorderseite mit dem Verhör die „Schlüsselszene des Messiasgeheimnisses" (J. Sudbrack) zu ihrem Inhalt. Ist doch das Bekenntnis vor Kaiphas – daß er es ist, vor dem Jesus steht, zeigt der Knecht, der die Hand zum „Backenstreich" (Joh 18,22) erhoben hat – der Augenblick, in dem sich Jesus zum ersten Mal selbst ausdrücklich als Messias und Gottessohn offenbart und seine Wiederkunft als Weltenrichter verkündet: „Von nun an werdet ihr den Menschensohn zur Rechten der Macht sitzen und auf den Wolken des Himmels kommen sehen."

Mehr noch von der Bedeutung dieses Selbstbekenntnisses als vom reinen Erzählgang her bildete dieses Relief auch die thematische Brücke von der Reliefspirale des Schaftes zur bekrönenden Kreuzigung. Denn die Messiasherrlichkeit erweist sich als das Thema, das in aufsteigender Linie die ganze Vorderfront der Säule bestimmte. Die Dreiergruppe, die hier Jesus in der Mitte der zwei Knechte zeigt, ähnelt nämlich in auffallender Weise der Verklärungsszene, die darunter in der Mitte des Schaftes Jesus zwischen Mose und Elija erscheinen läßt. Besonders frappant gleichen sich die Köpfe des Verklärten auf der Säule und des Angeklagten auf der Bronzetür in der Szene, die diesem Kapitellrelief entspricht.

In ihrer Frontalität ist die Verklärung bereits als das zentrale Bild des ganzen Reliefbandes erkannt worden. Die Verklärung Jesu, die nicht allein seine Messianität offenbart, sondern auch sein Leiden vorbereitet, bildet auch in den Evangelien einen Brennpunkt, der auf die Heilsereignisse ausstrahlt und sie in das Licht der Christusherrlichkeit stellt. Die Theologie der Kirchenväter und ihr folgend die Bildkunst setzt die Verklärung immer wieder in die Beziehung zum Kreuz (wegen Mt 17, 12), aber auch zur Auferstehung und Wiederkunft Christi. Lesen wir dazu etwa die Sätze, mit denen der syrische Theologe Ephräm (4. Jahrhundert) die Strahlkraft dieses Offenbarungsereignisses umschreibt:

> Er führte sie auf den Berg und zeigte ihnen sein Reich vor seinem Leiden und seine Macht vor seinem Tode und seine Herrlichkeit vor seiner Beschimpfung und seine Ehre vor seiner Entehrung, damit sie, wenn er von den Juden gefangen und gekreuzigt würde, erkennen möchten, daß er nicht aus Schwäche gekreuzigt worden sei, sondern aus freiem Willen, weil es ihm so gefiel, zum Heile der Welt. Er führte sie auf den Berg und zeigte ihnen vor der Auferstehung die Herrlichkeit seiner Gottheit, damit sie, wenn er in der Herrlichkeit seiner göttlichen Natur vom Tode erstanden wäre, erkennen möchten, daß er die Herrlichkeit nicht zur Belohnung seines Leidens erhalten habe, als ob er ihrer bedurft hätte, sondern daß sie schon vor aller Zeit mit dem Vater und bei dem Vater sein eigen gewesen sei, wie er ja selbst, als er in das freiwillige Leiden ging, sagte: ‚Vater, verherrliche mich mit der Herrlichkeit, die ich bei Dir hatte, ehe die Welt war!' Diese unsichtbare und in der Menschheit verborgene Herrlichkeit seiner Gottheit zeigte er den Aposteln auf dem Berge. *(Rede über die Verklärung Christi, BKV² Ephräm Bd. 1, S. 186)*.

Über die Verklärung, in der Jesus das Messiasgeheimnis seinen Jüngern durch die Erscheinung offenbart, stellt unsere Säulenfront das Verhör, in dem er sich zum ersten Mal durch das Wort als Messias erklärt. In dieser Linie mußte auch darüber der Gekreuzigte im besonderen Licht seiner messianischen Herrlichkeit als der Erhöhte erscheinen.

Diese Linie fand vermutlich noch eine weitere Fortsetzung innerhalb der Gesamtikonographie der Michaeliskirche. Jedenfalls zeigte die spätere Holzdecke in ihrem letzten Bild, das gerade über dem Standort der Säule sichtbar war, den Weltenrichter Christus. Obwohl dieses Feld 1650 zerstört wurde und wir heute nur eine moderne Ergänzung sehen, wissen wir doch, wie sich der Maler der Decke den herrscherlichen Christus vorgestellt hat. Wir sehen nämlich auf dem Deckengemälde Christus mit der typischen Segensgeste des Weltherrschers auch noch in einer verkleinerten Form: nämlich in der rechten Baumkrone des Sündenfallbildes. Mit dem charakteristisch hervortretenden Backenknochen erhält das Gesicht Christi dort ein Merkmal, das wir auch am Verklärten unserer Bronzesäule beobachten können.

Vielleicht hatte bereits Bernward selbst ein solches Gemälde des Weltherrschers (Pantokrators) über der Ostapsis anbringen lassen, so daß Christus über der Säule – mit dem gleichen Gesicht, das dort der Verklärte und der Gekreuzigte zeigten – noch einmal aufstrahlte als der Wiederkommende.

Jedenfalls können wir uns durch die Linie der Verklärungs- und der Verurteilungsszene auch die bekrönende Kreuzigungsplastik besser vorstellen. (Möglicherweise hat uns auch das goldene Bernwardkreuz, das ja mit dem Rücken zur Säule auf dem Altar aufgestellt wurde, in seiner bernwardinisch anmutenden Gravierung des Gekreuzigten auf der Rückseite einen Abglanz des Säulenkruzifixus hinterlassen.)

Das Bildprogramm der Christussäule

Diese „Messiaslinie" der Säulenfront wird durch einzelne Motive in anderen Szenen unterstrichen. So deutet schon ganz unten der Jesus der Versuchung mit seinem erhobenen Arm nach oben auf das Kreuz und verbildlicht auf diese Weise seine Antwort auf den Satan, der mit seinen Verlockungen die freiwillige Leidenshingabe des Messias zu Fall bringen möchte. Die dienenden Engel, die im Evangelienbericht den Zurückweisenden daraufhin umgeben, sind ja ein Zeichen seiner himmlischen Herrlichkeit (vgl. Jes 6,1; Joh 12,41), das er auch einem späteren Versucher entgegensetzt, seinem eigenen Jünger Petrus – den er dort wörtlich „Satan" nennt –, als ihm dieser seinen Leidenswillen ausreden will: „Denn es wird geschehen, daß des Menschen Sohn komme in der Herrlichkeit seines Vaters mit den Engeln" (Mt 16,27).

Die Gefangensetzung des Täufers entspricht dem Verhör Jesu in der Komposition, erscheint allerdings in der Achse etwas nach rechts verschoben – vielleicht um anzudeuten, daß das Schicksal des Johannes, auf das sich der Jesus der Verklärung bei seiner Leidensankündigung beruft, nur das unvollkommene Vorbild seiner eigenen Passion war, möglicherweise aber auch, um den leidenden Johannes in eine senkrechte Linie zu Elija zu stellen, mit dem ihn Jesus an dieser Stelle als den Leidenden gleichsetzt und damit beide zu Boten seines eigenen Blutzeugnisses macht. Der Linie nach oben zum Kreuz folgen auch die Blicke einiger Figuren: die des Mose und des Elija sowie darüber des Zachäus. Direkt nach oben weist in der obersten Szene die Marta. Den erhobenen Arm der Marta kennen wir auch von anderen Darstellungen der Lazaruserweckung: die Geste ist das verbildlichte Bekenntnis der Jüngerin: „Ja Herr, ich glaube, daß du der Messias bist, der Sohn Gottes, der in die Welt kommen soll" (Joh 11,27). Auf unserer Säule deutete die Hand der Lazarusschwester aber zudem direkt hinauf zum Kapitell auf den Verhörten, der sich selbst als den Messias bekennt.

An der Front sehen wir am deutlichsten, wie der Künstler verschiedene Szenen und Motive zueinander in Beziehung setzt und dabei in der Gegenüberstellung bestimmte theologische Zusammenhänge stiftet. Zu beachten war diese Art bereits im Untereinander der rückwärtigen Kapitellszenen und der Szenen des auslaufenden Reliefbandes, aber auch schon am Schaft selbst: dort ist an der Südostkante ganz unten Jesus bei der Taufe, darüber die Samariterin am Jakobsbrunnen und schließlich am oberen Abschluß Marta oder die öffentliche Sünderin am Tisch Jesu gezeigt: eine Linie der erlösenden Taufgnade. Der Bezug des „Wassers des Lebens", von dem Jesus spricht, zur Taufe ist geläufig, aber auch die Sünderin am Tisch Jesu wurde mit diesem Sakrament zusammengebracht. So sieht Augustinus (Kommentar zu Johannes) in ihr ein Sinnbild der Heidenkirche, die „zur Taufe schritt, als der Herr kam", Petrus Chrysologus (Predigt 93) vollends die Nachfahrin der sündigen Eva, die beim Abtrocknen der Füße Jesu die vergebende Taufe empfängt und zur Neuen Eva, dem Vorbild der erlösten Menschheit wird.

Solcher Linien werden sich bei geduldigerem Hinsehen noch mehr finden lassen. Es ist die bezeichnende Art, die wir auch von Bernwards Bronzetür kennen, über den Erzählgang hinweg durch Querverweise zwischen den Szenen eine eigene Theologie zum Sprechen zu bringen. Durch ihren zentralen Platz griff die Säule mit ihrem Bildprogramm auch noch weiter aus in den ganzen Kirchenraum und sogar in seine liturgische Aktualisierung: vor dem Altar stehend sah hier der Priester beim Hochgebet zum Bild Christi auf und machte sich damit gleichsam zum Spiegelbild des Verklärten, der zwischen Mose und Elija – wie der Priester zwischen Diakon und Subdiakon – stehend die Hände erhebt, aber auch des sich offenbarenden Messias im Kapitell und des oben dargestellten Gekreuzigten. Die theologische Gleichsetzung des Meßritus mit dem Kreuztod Christi wurde auf diese Weise eindringlich vor Augen geführt.

Die gefundene Rekonstruktion des Aufbaus beweist aber auch, wie sehr die Kunstwerke Bernwards innerlich miteinander verbunden sind. Insbesondere bestätigen die motivgleichen Kapitellreliefs, daß seine beiden großen Bronzewerke, Tür und Säule, thematisch aufeinander zu komponiert sind. Ging es auf der Bronzetür aber im wesentlichen um eine augustinisch gefärbte Vorstellung von einer fortschreitenden Menschwerdung Gottes in

Tanzende „Luxuria". Illustration zur Psychomachia (Kampf der Tugenden und Laster) des Prudentius. England, Ende des 10. Jhs.

die Welt hinein, so ist auf der Säule das Messiasgeheimnis im Leben des Menschgewordenen das theologische Leitthema.

Wie die Menschwerdung Christi mit seiner Messianität verbunden ist, so sind die Bildprogramme der beiden monumentalen Bronzewerke nicht nur erzählerisch, sondern auch geistig aufeinander bezogen. Dieses Ineinandergreifen der Themen läßt sich besonders deutlich am Verhörrelief des Kapitells zeigen, wo erst die ausführlichere Paralleldarstellung der Bronzetür erweist, wie eines der Leitmotive der Erzählung des Schaftes hier weitergeführt ist. Auf dem Relief der Tür sehen wir auch den Richter, der Jesus verhört und verurteilt: er sitzt auf einem Thron, trägt eine Krone und leiht sein Ohr dem affenartigen Teufelchen, das sich auf seine Schulter geschwungen hat. Der gekrönte Richter trägt damit Attribute der „Fürsten dieser Welt", wie die Gemeinschaft derer heißt, die den Tod Christi bewerkstelligten (Offb 3,17; 1 Kor 2,6–8). Zu dieser finsteren Gemeinschaft dürfen wir auch die gekrönten Figuren auf unserem Reliefband zählen: Herodes, Herodias und den reichen Prasser, aber überhaupt alle Figuren, die sich dort mit Wort und Tat gegen den wenden, der vor seinem Ankläger bekennen wird: „Ich bin ein König. Ich bin dazu geboren und in die Welt gekommen, daß ich die Wahrheit zeugen soll. Wer aus der Wahrheit ist, der hört meine Stimme" (Joh 18,37). Die Gegenspieler Christi sind durch die Krone als die „Fürsten der Welt" bezeichnet. Aber auch Christus selbst trägt die Krone, lichtumstrahlt schon bei seiner Geburt: sein Eintritt in die Welt bedeutet den Anbruch der messianischen Königsherrschaft über Sünde und Tod.

Besondere Auskunft über die Natur dieser Gegenspieler des himmlischen Königreichs gibt uns die tanzende Salome, die nach dem Bildtypus der allegorischen „Wollust" dargestellt ist: sie verkörpert eines der Laster, die mit den Gegnern Christi im Bunde stehen.

Das Bildprogramm der Säule stellt den Messias und diejenigen, die zu seinem „Reich" gehören, das „nicht von dieser Welt" ist, mit aller Deutlichkeit in die Gegnerschaft zu den Mächtigen dieser Welt. Die messianische Existenz Christi bedeutet – so erklärt sie vor allem Johannes – Aufdeckung von Lüge und Finsternis durch das Licht der Wahrheit.

Dieser Gedanke hat hier eine Gestalt angenommen, die an das Konzept des augustinischen „Gottesstaates" erinnert, wonach sich die irdische Geschichte in einem ständigen Konflikt austrägt zwischen der „civitas Dei", also den Bürgern des künftigen Gottesreiches, und der Gemeinschaft derer, die der Herrschaft des Bösen unterliegen (der „civitas diaboli", also des Teufelreiches).

Das Ziel der Geschichte ist gemäß Augustinus „die unter der Zucht Gottes erfolgende Errichtung einer irdischen Gemeinschaft, die das Reich Gottes vorbereitet und, wenn auch in vergänglicher und unvollkommener Form, abbildet" (E. von Aster). Damit stellt sich das Bildprogramm der Christussäule auch in einen Zusammenhang mit den beherrschenden politischen Ideen der Zeit: mit der Erneuerung des Römerreiches in der Form eines sakralen Universalstaates sowie mit der Naherwartung der Herrschaft des Antichrist und seiner endgültigen Überwindung durch die Kräfte des Lichtes.

Die ottonische Reichsidee: ein ikonographisches Leitmotiv der Michaelisstiftung

Kaisertum und Romgedanke

Schon durch die Wahl der römischen Kaisersäulen als Vorbild stellt der Auftraggeber der Christussäule das große politische Leitbild vor Augen, von dem das mittelalterliche Abendland beseelt war: die Romidee. Galt doch das römische Reich in der Legende – auch Augustinus folgt im „Gottesstaat" diesem Gedanken – als die letzte Herrschaft der Menschheit, mit deren Ende auch das Ende der Welt anbrechen sollte.

Als Mittelpunkt des alten Weltreiches übte die Stadt Rom einen unverwüstlichen Zauber auf die westlichen Herrscher aus, die sich in der Nachfolge des römischen Kaisers fühlten und als Schützer der Weltkirche die alte Größe des römischen Imperiums unter christlichem Vorzeichen aufs neue errichten wollten.

Die Notwendigkeit, sich mit dem Papst zu arrangieren, der sich unter Berufung auf die (gefälschte) Schenkungsurkunde Kaiser Konstantins auch als politischer Oberherr des Erdkreises verstand, sowie die Auseinandersetzung mit dem Kaiser von Ostrom, der sich seinerseits als fragloser Alleinherrscher aller Römer fühlte, waren die politische Realität, die diesem Traum von einem neuen Weltimperium, das die gesamte Christenheit umfassen wollte, immer wieder seine Grenzen setzte.

Der Anspruch auf die Nachfolge des römischen Imperiums geht auf das fränkische Königtum zurück, war aber an die Königsherrschaft über Italien gebunden.

Wurde schon Pippin der Kurze (754) von Papst Stephanus II. zum „Patricius Romanorum", dem Schutzherrn über Rom ernannt, so ließ sich sein Sohn Karl der Große in der Weihnachtsnacht des Jahres 800 von Leo III. in Rom zum Kaiser krönen als „von Gott gekrönter durchlauchtigster Augustus, großer friedvoller Imperator der Römer und Lenker des Reichs durch Gottes Barmherzigkeit, König der Franken und Langobarden". In der Kaiserbulle Karls finden wir auch schon die Formel „Renovatio Romani Imperii", „Erneuerung des Römischen Reiches".

Das Frankenreich sollte auf diese Weise den Charakter einer „res publica Christiana" erhalten, einer moralischen und religiösen Einheit aller im christlichen Glauben verbrüderten Völker. Als das eigentliche Staatsvolk dieses Reiches aber hatten sich damals die Franken verstanden.

Die Ottonen, die in der Nachfolge der karolingischen Herrscher diesen Gedanken der „Erneuerung" mit verstärktem Wollen wiederaufgriffen, rückten immer mehr die alte Metropole Rom selbst in den Mittelpunkt und erwählten die „Römer" zum idealen Staatsvolk ihres idealen Imperiums.

Grund für diesen Wandel war zunächst, daß die sächsische Kaiserfamilie der Ottonen selbst nicht dem Frankenvolk angehörte, aber sicherlich auch die zunehmende Orientierung am großen Ostrom und seiner glanzvollen Metropole Konstantinopel. Die Wendung dorthin bewog ja auch Otto II., eine griechische Kaisernichte, Theophano, zur Gattin zu nehmen. Bei Otto III., dem Sohn Theophanos und Ottos II., ließ die gemeinsame Abstammung vom sächsischen und griechischen Kaiserhaus dann den ganz konkreten Plan wachsen, seine Herrschaft über das Ostreich hinweg auf das volle Territorium des alten Imperiums auszudehnen und Rom wieder zum Mittelpunkt zu machen. Auch in der Rede, die der Biograph Bernwards Otto III. vor den – über diese Entwicklung offensichtlich nicht ungeteilt glücklichen – Stadtbewohnern Roms halten läßt, kommt diese Vorstellung von einem neuen, übernationalen Staatsvolk der „Römer" deutlich zum Ausdruck.

Otto wollte als Kaiser in Rom selbst residieren und dort auch die Obergewalt über den Papst ausüben. Mit diesem Ziel hatte er sich seine Pfalz auf dem Palatin errichtet, in den Ruinen des großen Domitianspalastes, in dem die alten Kaiser bis zum Untergang Westroms gewohnt hatten.

Von diesen Zielen aus ist es verständlich, daß es gerade Otto III. so sehr darum zu tun war, seine Macht über die Stadt Rom zu behaupten. Einige Jahre vor der Unternehmung des Jahres 1001 hatte er dort bereits mit Erfolg (und Brutalität) die Partei der Crescentier niedergekämpft.

So leuchtet es auch ein, daß die antiken Baumonumente, die als Zeugen des alten Glanzes der Stadt schon früher in Ehren gehalten und mit Legenden umgeben worden waren, unter diesem Kaiser zur höchsten symbolischen Bedeutung aufsteigen mußten.

Eines der auffälligsten dieser Denkmäler war die Säule des Trajan, die – Flußgott, Wellen und Schiffe auf der untersten Spiralwindung deuten darauf hin – Bernward als Modell für seine Christussäule diente.

Als bauliches Testament des milden Trajan, dessen Asche im Sockel ruhte, hatte diese Säule eine hervorragende Sinnbildlichkeit für das Kaisertum bekommen. Der Kirchenvater Hieronymus überlieferte dem Mittelalter eine Bemerkung seines Zeitgenossen, des Chronisten Eutrop (7,5), nach welcher die Trajanssäule die Bestimmung hatte, das Gedächtnis des besten aller Kaiser zu bewahren, dessen Namen der Senat beim Ausrufen jedes neuen Imperators im Mund geführt habe: „Werde glücklicher als Augustus, besser als Trajan!" („Felicior Augusto, melior Traiano"). Trajan, der Erbauer der Säule, wird hier neben Augustus, den Begründer des Kaisertums, gestellt, der seinerseits als Stifter des großen Reichsfriedens, zusammen mit Konstantin, dem ersten christlichen Kaiser, zum Vorbild christlichen Herrschertums erhoben wurde. (Eusebius. Ein Lob des Augustus findet sich auch im „Gottesstaat" des Augustinus, 3,21.)

Ruft der Typus der Triumphsäule mit der Reliefspirale also das Bild des besten der heidnischen Kaiser hervor, der die Grenzen des Reiches auf das Äußerste erweitert hatte (ein Ehrgeiz, der auch in Ottos Rede an „seine" Römer aufklingt), so stellt das Kreuz auf der Spitze der Christussäule einen Bezug zu Konstantin her, der seine Herrschaft über Rom unter dem Feldzeichen des Kreuzes errungen hatte.[42] Dieses Siegeszeichen des Kreuzes, das ihm der Legende nach zuerst als Vision oder im Traum erschienen war, hatte Konstantin – wie wir bereits hörten – später in seiner Stadt Konstantinopel auf einer Säule aufgestellt. Daß Otto III. Konstantin zum Vorbild seines eigenen Kaisertums nahm, zeigt der

42 Eusebius. De laudibus Const. 1,9

Name Silvester (II.), den sein Freund und ehemaliger Lehrer Gerbert von Aurillac als Papst führte – sicherlich um an den ersten Silvester zu erinnern, der als Papst die Kaiserherrschaft Konstantins so nachhaltig gestützt haben soll. Das Vorbild des großen Konstantin wird auch sichtbar, wenn Bernwards Biograph den Ausfall der kaiserlichen Truppen aus der Pfalz am Palatin in der Schilderung gerade nach dem Modell der Schlacht Konstantins an der Milvischen Brücke bildet.[43]

Die Heilige Lanze in der Hand Bernwards entspricht dabei dem siegreichen Feldzeichen des Kreuzes. Es trug diese Lanze nicht allein einen Nagel vom Kreuz Christi in der Spitze, sie galt sogar – folgen wir Bischof Liutprant, dem Brautwerber Ottos II. in Byzanz – als einstiger Besitz Konstantins und damit wohl direkt als sein siegreiches Kreuzfeldzeichen. Aus den Kreuznägeln hatte nach anderer Überlieferung (Hieronymus, Komm. zu Zacharias) Konstantin die Zügel seines Pferdes fertigen lassen – ein weiterer Hinweis auf die Bedeutsamkeit dieser Reliquie für die römische Herrschaft, hieß es doch:

„Roma caput mundi regit orbis frena rotundi"[44]

(„Rom, das Haupt der Welt, führt die Zügel des runden Erdkreises").

In unserem Bericht beweist sich die Heilige Lanze nicht allein als die bewährte Kampfreliquie, unter deren Schutz Heinrich I. (933) und Otto der Große (955) ihre Siege über die heidnischen Ungarn errungen hatten: noch deutlicher kommt hier ihre Bedeutung als Zeichen der Herrschaft über Rom zum Vorschein.[45] Mit Hilfe der Heiligen Lanze, die durch den enthaltenen Kreuznagel (aber auch durch eine Gleichsetzung mit dem Speer des Longinus, der die Seite des Gekreuzigten geöffnet hatte) eine Passionsreliquie war, ruft Bernward Christus als den Friedenskönig herbei: in diesem Bericht scheint die nahe Erwartung eines Friedensreiches auf, in dem die „pax Romana", der Reichsfrieden des Kaisers Augustus, unter der Oberherrschaft Christi erneuert und überhöht wiederkehrt.

(Wie parteiisch der Biograph diesen Friedenswunsch versteht, zeigt sich sogleich am Schicksal der beiden römischen Rädelsführer, die „halbtot" von ihren Genossen dem höchstbefriedigten Friedensfürsten vor die Füße geworfen wurden.)

Von dieser politischen Sinnbildhaftigkeit der Passionsreliquien aus gewinnt auch das Kreuzpatrozinium unserer Michaeliskirche seine besondere Bedeutung. Das wahre Kreuz Christi war durch Konstantin, dessen Mutter Helena es aufgefunden haben soll, für die nachfolgenden Herrscher – vor allem in Byzanz – zum Zeichen des kaiserlichen Sieges geworden: „Eine Reliquie des Heiligen Kreuzes rief die ganze wunderbare Rolle vor Augen, die dieses im Leben des ersten christlichen Kaisers gespielt hatte. Für jeden (byzantinischen) Kaiser erfüllt das Kreuz dieselbe Heilsrolle, die es in der Laufbahn Konstantins gespielt hatte" (A. Grabar).

Dabei muß der persönliche Bezug Ottos III. zum Kreuz Christi besonders stark gewesen sein: eine andere große Kreuzpartikel ließ er sich noch eigens an sein Sterbebett bringen (Brun). Von daher bekommt es größte Gewichtigkeit, daß die Kreuzreliquie, mit der die Michaelisstiftung begründet wurde, gerade ein Geschenk dieses Kaisers war.

---

43 Eine „hohe Lanze" mit dem Kreuzzeichen an der Spitze trug die Statue Konstantins, die er nach dem Sieg an der Milvischen Brücke auf dem Forum Romanum in der von seinem Gegner Maxentius begonnenen Basilika – nicht weit von der späteren Pfalz Ottos III. – aufstellen ließ (Eusebius. Vita Constantini 1,40; vgl. H. Doerries. Konstantin d. Gr. Stuttgart 1958 S. 37f). Das Denkmal trug die Aufschrift: „Mit diesem Heilszeichen, dem Beweisstück wahrer Tugend habe ich eure Stadt vom Tyrannenjoch erlöst. Senat und Volk von Rom habe ich in die Freiheit geführt und ihnen ihre alte Adelsehre und ihren Glanz wiedergegeben". Auch die Heilige Lanze trug in ottonischer Zeit vermutlich ein Kreuz auf der Spitze, wie sie im Sakramentar Heinrichs II. dargestellt ist. Die Bezeichnung „crucifera imperialis lancea" (Arnold von St. Emmeram 2,33) unterstützt diese Vermutung. War dort vielleicht die alte Kreuzreliquie angebracht, von der wir schon bei Karl III. hören und die später im Reichskreuz mit der Spitze der Heiligen Lanze vereint blieb?

44 In dieser Form ist der Spruch zum ersten Mal in einer Kaiserbulle Konrads II. vom 19. Juli 1033 überliefert. Das Gleichnis des Zügels für die römische Weltherrschaft selbst ist freilich älter. Die aus den Kreuznägeln geschmiedete Trense Konstantins ist schon in der Judas-Cyriakus-Legende erwähnt und erscheint in der Prophetie als das Herrschaftszeichen des Endkaisers (G.J. Reinink. Der edessenische „Pseudo-Methodius". In: Byzantinische Zeitschrift 83. 1990. S. 31–45:41). Von hier aus eröffnet sich auch eine Verbindung zum Typus der Kaiser-Kreuz-Säule. In seiner Stadt ließ Konstantin auf eine Siegessäule seine Statue mit einem Sonnen-Nimbus setzen. Dieser Helios-Nimbus war aus den Kreuznägeln gebildet (W. Haftmann. Das italienische Säulenmonument. Leipzig, Berlin. 1939. S. 42). Diese Säule trug die Inschrift: „O Christus, Dir, Gebieter Du und Herr der Welt, hab ich nun untergeben diese Stadt und dieses Szepter und die ganze Macht von Rom. Beschütze sie und rette sie aus aller Not".

45 Mit der Kaisererhebung war die Heilige Lanze schon auf dem Lechfeld verbunden, da dort Otto I. nach seinem Sieg vom Heer zum Kaiser ausgerufen wurde (vgl. H. Zielinski. Zur Aachener Königserhebung von 936. In: Deutsches Archiv 28. 1972. S. 210–222:218)

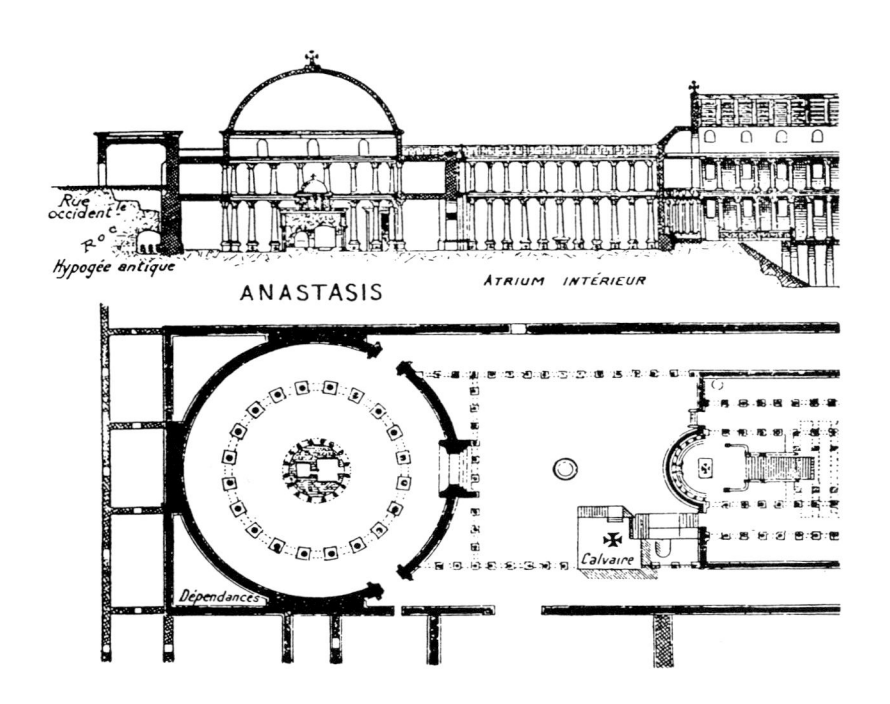

Links: Jerusalem, Grabeskirche. Anastasis-Rotunde und Atrium mit Golgota (Rekonstruktion von Vincent und Abel)

Unten: Jerusalem. Salomonischer Tempel mit Brandopferaltar (nach der Rekonstruktion von C. Schick)

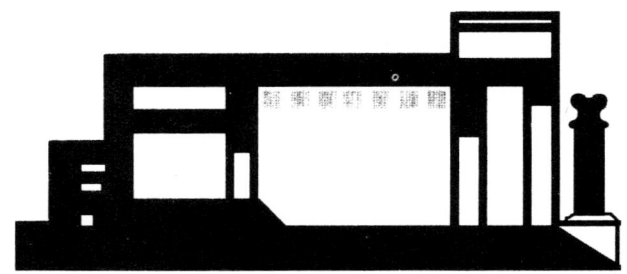

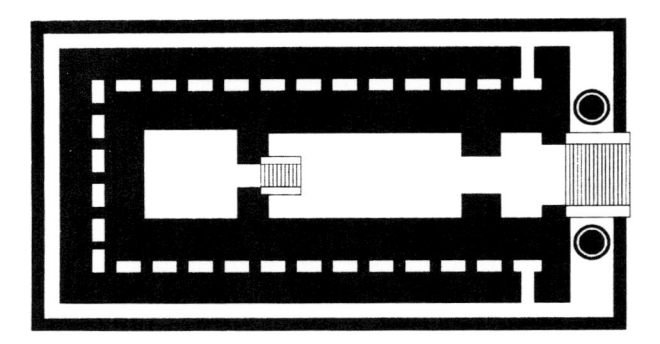

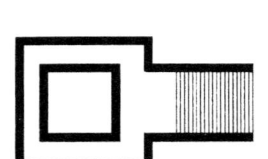

Diese Zusammenhänge mit dem Gedanken von einem sakralen Weltkönigtum kommen auch in der gesamten Kreuzaltaranlage der Michaeliskirche zutage. Sie ist nämlich eine zitatartige Wiederholung aus der Grabeskirche, die Kaiser Konstantin im Jahr seines dreißigjährigen Regierungsjubiläums dem „siegreichen König und Erlöser" Christus (Eusebius, Laudes C. 18,3) als Doppelbasilika in Jerusalem erbaut hatte. Dort war im Atrium, dem Innenhof – zunächst noch unter freiem Himmel – an der Stelle, wo Jesus gekreuzigt worden sein soll, auf einem Felsenstück ein großes, edelsteingeschmücktes Votivkreuz errichtet. Zu Füßen des Felsens stand der Altar des Abraham und des Melchisedek als Archetypus des eucharistischen Altares – über dem Kreuz aber war ein großer bronzener Radleuchter aufgehängt. Die Golgotastätte „in medio templi" war der liturgische Mittelpunkt dieser ehrwürdigsten Kirche der Christenheit. Der Kreuzaltar in mittelalterlichen Kirchen hatte allgemein einen Bezug zu dieser Jerusalemer Stätte. Für unsere Altaranlage fällt aber diese Vorbildlichkeit ganz besonders ins Auge. Dazu fügt sich noch eine Entsprechung, die Hartwig Beseler in den Maßen des Gesamtgrundrisses festgestellt hat: die Mitte der Krypta von St. Michael (der Ort, wo sich seit dem Ende des 12. Jahrhunderts das Bernwardsgrab nachweisen läßt, über dessen ursprüngliche Bestimmung wir aber noch nicht die letzte Gewißheit haben) ist vom Triumphbogen, unter dem die Christussäule mit ihrem Kreuz stand, 42 m entfernt, was der genauen Strecke entspricht, die in Jerusalem zwischen dem Heiligen Grab und der Golgotastätte überliefert ist.

Auf die legendäre Überlieferung über Golgota aber weisen die Figuren der Paradiesflüsse an der Standplatte der Christussäule. Sie bezeichnen den Ort der Säule als die Paradies- und Weltmitte, die kreuztragende Säule selbst aber als den Lebensbaum, der in der Mitte des Paradieses aufwuchs. Im Zusammenhang einer solchen sinnbildhaften Gleichsetzung des Kreuzes Christi mit dem „Baum des Lebens" galt der Jerusalemer Golgotafelsen als der legendäre Quellort der Paradiesströme und als die Mitte des ganzen Weltalls. Das Kreuz Christi gab damit auch die vier weltumspannenden Himmelsrichtungen an. An dieser Stelle des Todes Christi zeigte man das Grab des ersten Menschen Adam, der hier durch das Blut des Gekreuzigten gesalbt und aufs neue belebt worden sein soll.

War schon die ganze Doppelbasilika als Monument der christlichen Kaiserherrschaft Konstantins angelegt, so knüpft sich an den Ort des Golgota eine besondere königliche Bedeutung, die bei der liturgischen Verehrung der Kreuzreliquie zutage trat. Die Pilgerin Egeria berichtet (kurz nach 400), daß der Patriarch am Karfreitag in der Grabeskirche die große Kreuzreliquie auf einem eigens dazu hinter dem Golgotafelsen aufgestellten Tisch – wahrscheinlich dem hölzernen Aufsatz des Abraham- und Melchisedekaltars – zur Verehrung aussetzte. Nachdem die Anwesenden ehrfurchtsvoll das wahre Kreuz geküßt hatten – so fährt die Pilgerin weiter fort –, küßten sie auch den Ring Salomos und berührten das Salbhorn der jüdischen Könige, die beide vom Diakon dargeboten wurden. Daß an dieser Stelle ein Salbhorn und der aus Bernstein gefertigte Ring Salomos gezeigt wurden, bestäti-

Jerusalemzitate

gen uns auch spätere Pilger.⁴⁶ Das merkwürdige Vorhandensein dieser angeblichen Kroninsignien des alten jüdischen Königtums wird verständlicher, wenn wir wissen, daß sich die Golgotastätte in der kultischen Tradition von der Stelle herleitet, an der die auf Salomo folgenden Könige tatsächlich gekrönt wurden. Schon von ihrer Gründung an sah man in der Grabeskirche die Erneuerung und Überhöhung des zerstörten jüdischen Tempels. Dabei galt die Entsprechung bis in die einzelnen Bauteile hinein, so daß man das Grab Christi mit dem Allerheiligsten des Tempels gleichsetzte, das Golgota im Atrium aber mit dem Brandopferaltar des Tempelvorhofes. Der Priestervorhof vor dem Allerheiligsten und dem „Heiligtum" des Tempels hatte schon in der jüdischen Überlieferung die symbolische Bedeutung als Mittelpunkt der Erde, Schlußstein der Unterwelt, Melchisedek- und Abrahamaltar, Adamgrab, Paradiesgipfel und Quellort der Paradiesströme gehabt. Diese Symbole übertrugen sich alle auf den Golgotafelsen, der damit überhaupt die Würde des sakralen Zentrums der Welt erhielt.⁴⁷

Hinter dem Brandopferaltar aber, am Aufgang zum Tempelhaus, hatte sich das „Tribunal" befunden, ein Podest, an dem der Hohepriester den neuen König ausrief und salbte⁴⁸, das aber auch anderen königlichen Auftritten – und auch gewissen Gerichtsverfahren – diente (vgl. 2 Kön 23,3). Im salomonischen Bau befanden sich zu den Seiten dieses „Tribunals" die zwei freistehenden Bronzesäulen mit Namen Jakin und Booz (die später auch als Symbole des Freimaurertums Berühmtheit erlangen sollten). Die apokalyptische Vorstellung von den beiden Lebensbäumen, die an den Ufern des Wasserstromes vor dem Throne Gottes wachsen (Offb 22,2; Ez 4,12), hat hier ihre kultische Wurzel – trugen doch die Säulen Jakin und Booz zudem reichen Pflanzenschmuck (1 Kön 7,15–22).

Die Krönungsstätte des Tempelvorhofs, die in der Bibel nur ein einziges Mal (anläßlich der Krönung des Joas 2 Kön 11,14; 2 Chr 23,13) ausdrücklich erwähnt ist, spielte die Rolle eines Vorbildes bei der Krönung der fränkischen Könige: nach dem Muster des „Tribunals" war im Vorhof der Aachener Pfalzkapelle der „Erzthron des ganzen Reiches" („totius regni archisolium") aufgerichtet, an dem die Großen des fränkischen Reiches ihren König ausriefen.⁴⁹ (Unter diesem „archisolium" befand sich das Grab Karls des Großen, das Otto III. öffnen ließ.) Auf diese Weise bewies der fränkische Herrscher seine ideelle Herkunft vom Haus David.

Durch die beiden Säulen, der Bronzesäule und der kupferbeschlagenen Marmorsäule, mit denen er seinen Kreuzaltar umgab, wollte Bernward sicherlich auch auf den Brandopferaltar im salomonischen Tempel verweisen, hinter dem links und rechts die beiden großen Bronzesäulen gestanden hatten.

In seinem Testament hatte Bernward seine Michaelisstiftung selbst mit Salomos Tempelbau verglichen. Daß sich der Gründer eines Kirchenbaus auf das Vorbild Salomos beruft, ist – wie schon erwähnt – auch sonst geläufig (auch das liturgische Formular der Kirchweihe nennt Salomo mit seinem Tempelbau neben Moses, dem Erbauer der Stiftshütte).

---

46 Petrus Diak. (Geyer 107) Adamnanus 1,11; Antonius Plac. (Geyer 173f) berichtet vom Salbhorn Davids auf der Geißelsäule Christi in der Sionkirche (in der man auch das Davidsgrab zeigte).

47 Besonders deutlich im Breviarium de Hierosolyma (CCSL 175. S. 110)

48 Krönungssymbole enthielt auch der Felsendom, der auf der Stelle des Jerusalemer Tempels errichtet ist. In seiner Mitte hing die Krone des Perserkönigs Chosrau. Ebenso zeigte man dort die Hörner von Abrahams Widder (R. Hartmann. Der Felsendom in Jerusalem. Straßburg 1909. S. 38).

49 R. Schmidt. Zur Geschichte des fränkischen Königsthrons. In: Frühmittelalterliche Studien 2. 1968. S. 45–66

Diese Berufung auf Salomo bedeutete aber nicht unbedingt, daß die neugegründete Kirche sich auch baulich am Jerusalemer Tempel orientieren mußte. Auf der anderen Seite kennen wir gerade im sächsischen Bereich noch zwei andere Kirchbauten, die in ihrer Ausstattung auf den Tempel anspielen.[50]

Einen siebenarmigen Leuchter, der den Leuchter im „Heiligtum" des Tempels zitiert, hat sowohl das Münster zu Essen, dessen Säule hinter dem Kreuzaltar wir bereits zum Vergleich heranzogen, als auch die von Heinrich dem Löwen gegründete Stiftskirche St. Blasii in Braunschweig, deren Hochaltar (noch bis 1801) von zwei Marmorsäulen flankiert war, und die auch sonst in ihrer Ikonographie manche Anlehnung an die Hildesheimer Michaeliskirche aufweist.[51]

Abgesehen von den beiden freistehenden Säulen läßt Bernwards Kirche an die Beschreibung des salomonischen Tempels auch in manchen Eigenheiten der architektonischen Anlage denken: so in dem Kryptenumgang, den Seitenemporen der Querhäuser sowie den Maßen des ganzen Baus.

Wenn aber Bernward mit dem Zitat der beiden freistehenden Säulen auf die Vorbildlichkeit des Tempelvorhofs für die Golgotastätte verweist, so unterstreicht er damit auch deren Bedeutung als Krönungsort der davidischen Herrscher, deren „Königtum" in ihrem Sproß Jesus „ohne Ende sein wird" (Lk 1,32). (In diese Symbolwelt fügt sich auch die spätere Holzdecke mit dem Stammbaum Christi – „Wurzel Jesse" –, der David, Salomo, Hiskia, Josia und mehrere andere Könige zeigt und gerade über dem Ort des Kreuzaltares mit dem Bild des Weltherrschers abschließt.)

Eine Bedeutsamkeit im Hinblick auf das zeitgenössische Königtum ergibt sich aus den kaiserlichen Geschenken, die Bernward bei dieser Altaranlage verwendet hat: den Schaft der Marmorsäule, den Porphyrkrug als Mitte des Leuchters sowie die zentrale Kreuzreliquie, die hier verehrt wurde. (Wahrscheinlich waren diese Geschenke zu Lebzeiten des Kaisers in der Kreuzkapelle aufgestellt gewesen. Wir wissen aus späterer Zeit, daß die Kreuzkapelle mit einem Kreuzaltar und einem großen Radleuchter „in medio templi" ausgestattet war.)

Darüber hinaus macht Bernward mit dieser Häufung königlicher Assoziationen auf die Prophetien vom Endkaiser aufmerksam, die sich an das Golgota knüpften und – im ganzen Mittelalter populär – gerade um die Jahrtausendwende auch höchste politische Aktualität gewonnen hatten. Diese Vorstellungen nahmen ihren Ausgang von der Legende, in der Golgota zur Herrscherstätte eines sakralen Weltkönigs geworden war. An derselben Stelle zeigte man auch die Gräber zweier Urkönige: hier lag Adam, der in der Legende (nach Gen 1,28) König über die ganze Erde gewesen war, und als Hüter des Adamgrabes Melchisedek, der „König der Gerechtigkeit und des Friedens" und alttestamentliche Vorläufer des großen messianischen Priesterkönigs (Hebr 7,2) Christus – auch der Opferaltar Melchisedeks war ja hier aufgestellt. So sah man hier das Zentrum des mes-

50 Wir hören schon von der Bundeslade und dem siebenarmigen Leuchter, die Hrabanus Maurus in Fulda aufstellte (Catalogus abbatum Fuld.).

51 Eine Fassung der Vita Bernwardi aus dem 16. Jh. (Hildesheim. Beverina. Hs 123b. fol. 6) erwähnt eine „glossa Gregorii papae super Ezechielem prophetam" aus Bernwards Besitz. Der Ezechielkommentar Gregors d. Gr. enthält eine allegorische Ausdeutung der Anlage des prophetischen Tempels. Es spricht manches dafür, daß dieses – augustinisch beeinflußte – Werk auch sonst auf die Gedankenwelt Bernwards gewirkt haben könnte. Im Zusammenhang mit seinem Kunstschaffen verdient dabei Predigt 2,1 (PL 76, S. 933–948) besondere Beachtung. Nicht nur finden wir dort eine christologische Erklärung des Tempelportals, sondern auch eine „anagogische" Deutung der Wolkensäule auf dem Thron der Bundeslade: die Israeliten, die in die Stiftshütte des Mose nach der Wolkensäule schauen (vgl. Ex 33,10), erhebt Gregor zum Sinnbild für die Betrachtung der himmlischen Heimat und der ersehnten Gemeinschaft mit „unseren Mitbürgern, den Engeln" (wir erinnern uns der ähnlichen Wendung in Bernwards „Testament").

sianischen Friedensreichs von mythischer Urzeit her begründet, und schon früh (Patriarch Kyrillos von Jerusalem) wandte man auf Golgota den Psalmvers (74,12) an: „Gott, unser König von alters her, hat das Heil gewirkt in der Mitte der Erde." Schon Kaiser Konstantin dürfte mit seiner Gründung an das davidische Königtum angeknüpft haben.[52]

Das Kreuz von Golgota wurde zum Ort, an dem Christus seine himmlische Weltherrschaft auf einen irdischen Stellvertreter, den christlichen Kaiser übertrug. Der syrische Roman erzählt von Jovian (dem Kaiser, der 363/64 herrschte und die christenfeindlichen Dekrete seines Vorgängers Julian aufhob), er habe, als er vom Heer zum Kaiser ausgerufen wurde, das Kreuz aufstellen und krönen lassen. Nach einem Gebet, in dem er jegliche irdische Gesinnung von sich wies, sei die Krone von sich aus vom Kreuz auf sein Haupt herabgekommen. Zur größten Popularität aber gelangten diese Vorstellungen durch die Prophetien vom Endkaiser, deren Tradition schon in der Zeit Konstantins beginnt und sich aus den älteren sibyllinischen Gedichten vom neuen goldenen Zeitalter sowie dem apokalyptischen Schrifttum speist. Da ist vom größten und letzten König der Griechen und Römer die Rede, der nach glücklicher Vollendung seiner Herrschaft nach Jerusalem geht und am Golgota seine Krone auf das Kreuz legt, woraufhin Kreuz und Krone in den Himmel aufsteigen.[53] Danach soll der Antichrist erscheinen, der den Tempel wiedererrichtet und darin Residenz nimmt, aber bald vom Erzengel Michael und seinen Heerscharen vernichtet wird. Schließlich soll dann das himmlische Reich des ewigen Weltherrschers Christus anbrechen.

Im 10. und frühen 11. Jahrhundert begann man nun, aus diesen Endzeitdichtungen einen aktuellen Sinn zu schöpfen. Da man nach dem Ablauf von tausend (weniger 3) Jahren nach der Geburt oder – mehr noch – dem Tod Christi mit dem Weltende rechnete, wurden die Erwartungen des letzten Kaisers und des Antichrist für die damaligen Menschen sehr konkret. Auch das Aufkommen einer allgemeinen Bußstimmung wird dadurch erklärlich. In den Versionen der Tiburtinischen Sibylle, des Pseudo-Methodius (8.–9. Jahrhundert) und des Adso von Montier-en-Der (10. Jahrhundert) hatten diese Weissagungen deshalb größte Verbreitung gefunden. In den Jahren nach der Jahrtausendwende kam in diesen Prophetien eine bezeichnende Änderung auf, nach welcher der Endkaiser zuerst den Kampf mit den Heidenvölkern Gog und Magog zu bestehen hat, bevor er nach Jerusalem zieht und seine Herrscherinsignien übergibt (vgl. Offb 20,7).[54]

Gerade durch die Naherwartung des Jerusalemer Endkönigtums bereitete die Epoche der Jahrtausendwende der späteren Kreuzzugsbegeisterung den Boden. (Und so war noch Friedrich II., ein anderer Utopist auf dem Kaiserthron, von ebendenselben Vorstellungen bewegt, als er 1229 zum König von Jerusalem gesalbt und gekrönt zu werden wünschte und, da kein Geistlicher den Gebannten weihen wollte, sich schließlich selbst in der Grabeskirche die Krone aufsetzte.) Es ist nicht verwunderlich, daß die starke apokalyptische Endkaisererwartung seiner Zeitgenossen auch auf Otto III. und seine Erneuerungs-

---

[52] Der Weihetag der Grabeskirche am 14. September fällt auf den jüdischen Jahrestag des salomonischen Tempelweihegebets: B. Kühnel. From the earthly to the heavenly Jerusalem. Freiburg i. B. 1987 (Röm. Quartalschrift Suppl. 42). S. 84.

[53] Grundlage war dabei auch die Jakobitische Weissagung (Gn 49,10): „Der Herrscherstab bleibt bei Juda, bis der kommt, dem er gehört".

[54] Vgl. C. Erdmann. Endkaiserglaube und Kreuzzugsgedanke. In: Ztschr. f. Kirchengeschichte 51. 1932. S. 384–414:410.

idee einwirkte. Wenn schon Karl der Große, wie sein Biograph Einhard behauptet, die Schutzhoheit über die heiligen Stätten besessen haben soll, erweist sich diese als ein Zeichen der Oberherrschaft über die Gesamtchristenheit. Derselbe Anspruch kommt zum Vorschein, wenn Gerbert, der spätere Silvester II., sich im Jahr 991 um die Wiederherstellung der Kirche von Jerusalem bemüht. In dem Zusammenhang nennt dieser Freund und Lehrer Ottos die Stadt Jerusalem „rerum domina", „Herrin der Welt", und wendet damit ein Prädikat an, das sonst für Rom als Hauptstadt des Erdkreises gegolten hatte. Aufgrund dieser Hochschätzung bezeichnet er Jerusalem auch als „den besten Teil des Erdkreises, aus dem die Apostel hervorgingen", worin eine Konkurrenz zu Rom und seinen Gräbern der Apostelfürsten mitschwingt. So stellt sich in den idealen Vorstellungen dieser Zeit Jerusalem neben Rom als ein zweiter sakraler Mittelpunkt der Christenheit, der vielleicht auch die päpstlichen Machtansprüche relativieren sollte.

Daß diese aufkommende Wertschätzung Jerusalems auch von den legendären Endzeitprophetien bestimmt war, ersehen wir aus einer späten Wunschphantasie Ottos III. (die Brun berichtet), in welcher der Kaiser sich vornimmt, den Widerstand der Römer endgültig niederzukämpfen und dann nach Jerusalem zu gehen, um dort seine Herrscherwürde niederzulegen und als Mönch in der Einöde sein Leben zu beschließen. Deutlich ist dabei die Übereinstimmung mit der nicht lange vorher verfaßten Weissagung Adsos, die von einem fränkischen König spricht, der das römische Reich gänzlich beherrschen, nach vollendeter Aufgabe aber schließlich Zepter und Krone in Jerusalem niederlegen wird.[55] (Bemerkenswert auch, wie die einst inniggeliebten Römer in den enttäuschten Augen des Kaisers schließlich zur Partei des Antichrist und der Feinde Christi geworden sind!)

Auch bei Bernward selbst lassen sich Spuren dieser Weissagungen vom Endkaiser und dem kommenden Antichrist finden. Schon der Fluch, den er in seinem Testament auf einen möglichen Usurpator herabruft, „er habe Anteil an Judas und an denen, die das Heiligtum Gottes als ihr Erbteil besitzen", gehört dazu. Die Verdammten, die da neben dem Verräter Christi auftreten, sind diejenigen, die sich den Tempel von Jerusalem, der Gottes Erbteil sein soll (Ps. 79,1; 83,12; vgl. Lev 24,24; Mt 21,38), angeeignet haben. Mit diesem Ausdruck spielt Bernward allgemein auf den Antichrist an, der ja inmitten des Tempels thronen wird (2 Thess 2,4), und vielleicht auch speziell auf die islamischen Eroberer Jerusalems und den Kalifen al-Hakim, der sich selbst für den Messias hielt und am 18. Oktober des Jahres 1009 die Grabeskirche zerstörte. Wegen dieser Tat wurde al-Hakim von den Christen als „rex Babilonius" (Ademar) bezeichnet und mit dem Antichrist gleichgesetzt. Nicht ganz von der Hand zu weisen ist in diesem Zusammenhang die Vermutung von Hartwig Beseler, Bernward habe die zerstörte Grabeskirche in seiner Michaeliskirche wiederherstellen wollen.

Auch aus solchen Erwartungen heraus läßt sich das mit Maria verbundene Patrozinium des Michael verstehen, des Erzengels, der in der Apokalypse (Offb 12, 1–9) das gebärende

55 J. Fried. Endzeiterwartungen um die Jahrtausendwende. Deutsches Archiv 45. 1988. S. 381–473. In den Jesaiazitaten der Rede Ottos (vgl. Anm. 1) scheint auch in der Vita Bernwardi ein solches Ineinssetzen von Rom und Jerusalem auf.

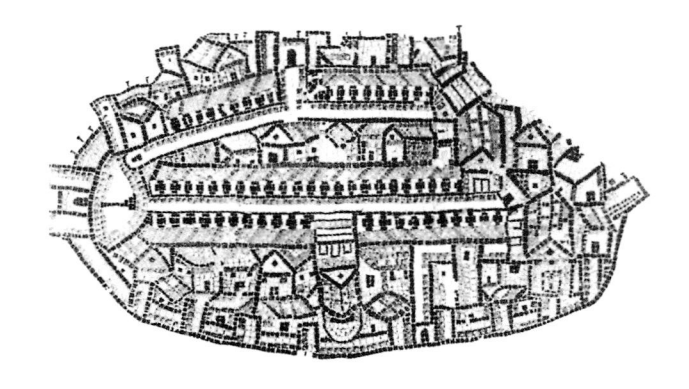

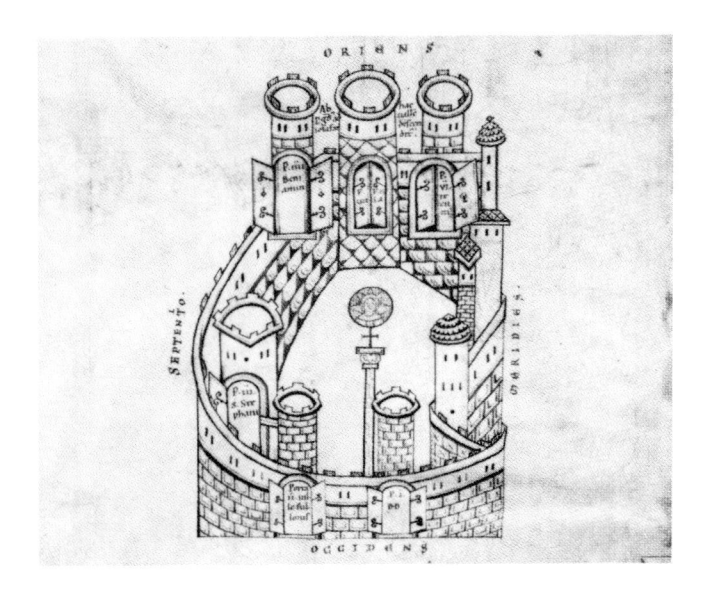

Oben: Jerusalem auf der Mosaikkarte von Madaba (6. Jh.). Gut sichtbar (links) ist die Meilensäule am Nordtor.

Unten: Die Meilensäule mit Kreuz und Medaillon des Christus-Helios im sechstorigen Jerusalem (1165).

himmlische Weib gegen den Satansdrachen verteidigt und in den sibyllischen Gedichten den Antichrist vernichtet. Diese Schützerrolle des Michael wurde auch konkret erlebt: das Bild des Erzengels hatte das Banner der königlichen Mannschaft bei der Entscheidungsschlacht gegen die heidnischen Ungarn geschmückt, bei der Kaiser Otto I. die Heilige Lanze voraustrug.

Zu den Antichristvorstellungen fügt sich ebenfalls die Art, in der auf Bernwards Bronzesäule die Gegenfiguren Christi, Herodes, Herodias und der reiche Prasser mit der Herrscherkrone versehen sind. Auf das Reich des Antichrist deutet auch die tanzende Salome, die an Darstellungen der „Luxuria" in den Illustrationen zur „Psychomachia" des Prudentius erinnert, einem Lehrgedicht, das den Sieg der christlichen Tugenden über die Laster zum Inhalt hat. Mit der Sibylle im Kapitell erscheint sogar die Endzeitprophetin selbst auf der Christussäule.

Vieles spricht also dafür, daß Bernward in seiner Kreuzaltaranlage ausdrücklich auf die Legende vom kommenden Endkaiser anspielen wollte. Zeigt er doch auch auf seiner Bronzetür, wie sehr er in den Legendenkreisen bewandert war, die oft genug mit der sibyllinischen Prophetie zu einer fortlaufenden, von der Ur- bis zur Endzeit reichenden Erzählung verknüpft worden sind. So setzt dort die Gegenüberstellung der Stammeltern Adam und Eva bei ihrer Erdenarbeit und der anbetenden Weisen des Morgenlandes die Adamlegende voraus, nach welcher Adam sein messianisches Königs-, Priester- und Prophetenamt in den Symbolen von Gold, Weihrauch und Myrrhe an das Magiervolk im Osten weitervererbte, sich selbst aber am Golgota begraben ließ. Hinter der Gegenüberstellung des Sündenfalls der Stammeltern und der Kreuzigung, bei der das Kreuz mit frischen Ästen ausschlägt, kommt die Kreuzlegende zum Vorschein, nach der das Kreuz Christi aus dem Holz des Paradiesbaumes gezimmert wurde.

Ein Detail der Bronzetür spricht aber geradezu dafür, daß recht genaue Kenntnisse von der Grabeskirche und ihren Reliquien zu Bernward gedrungen waren. Der rechte Soldat des Kreuzigungsreliefs hält dem Gekreuzigten anstatt des Essigschwamms einen Kelch auf der Stange entgegen. In dieser ungewöhnlichen Abweichung vom Evangelienbericht und den üblichen Bilddarstellungen können wir sicherlich einen theologischen Hinweis auf die eucharistische Bedeutung des Geschehens erkennen. Die äußere Austauschbarkeit von Schwamm und Kelch läßt sich nur durch die Jerusalemer Reliquie erklären. In der Grabeskirche, gerade im Raum hinter dem Golgota (Exedra), zeigte man den Kelch des letzten Abendmahls. In diesem Kelch war der Schwamm der Passion aufbewahrt. Wie es hieß, soll Christus bei seiner Wiederkunft mit seinen Aposteln aufs neue (wie er es bei Mt 26,29 verheißt) aus diesem Kelch trinken (erst mit dem zugemischten Essig des Leidens sollte sich der Wein der himmlischen Freude als vollkommen erweisen). Hier kündigt sich schon der Komplex von Abendmahlgefäß und Seitenwunde Christi an, der die Symbolwelt der späteren Grallegende bestimmen wird.

Ein direktes Zeugnis für den Bezug Bernwards zur Grabeskirche ist schließlich die Partikel vom Heiligen Grab, die er in den Kopf des Ringelheimer Holzkruzifixus einsetzen ließ. So dürfen wir also auch annehmen, daß Bernward den Radleuchter bewußt als das Zeichen übernahm, mit dem das darunterstehende Kreuz zum Mal des wiederkommenden Christus wurde.

Vom Kreuz her empfängt der irdische Herrscher der Christenheit auf Golgota seine Krone, dem Kreuz gibt er sie wieder zurück. In dieser Überlieferung liegt nicht allein die Erinnerung an den alten Brauch, am Heiligtum Votivkränze aufzuhängen. Mit der zurückerstatteten Krone wird das Kreuz von Golgota am Ende der Zeiten in den Himmel aufsteigen, um dort als „Zeichen des Menschensohnes" (Mt 24, 30) zu leuchten:

O glückseliges Holz, an welchem einst Gott ausgespannt war.
Nicht wird die Erde dich erhalten, das Himmelshaus wirst du erblicken,
Wenn im Glanze aufs neue erscheint die Lichtgestalt Gottes. (Sib 6,27–29)

Das vom Lichtkranz gekrönte Kreuz ist das Symbol der weltumspannenden und ewigen Herrschaft Christi. Es hat etwas Visionäres an sich: im Jahre 351 erschien den Einwohnern von Jerusalem zwischen dem Golgota und dem Ölberg das von einem regenbogenfarbigen Kranz umgebene Kreuz am Himmel. Ähnlich müssen wir uns auch das Kreuz vorstellen, das Konstantin vor seinem großen Sieg an der Milvischen Brücke erblickt haben will, wird doch Konstantins Feldzeichen, das „Labarum", als Kreuz mit einem Lorbeerkranz am oberen Balken dargestellt.

Mit dem Zitat der Lichterkrone über dem Jerusalemer Golgota wollte Bernward offensichtlich dem Kreuz seiner Bronzesäule den besonderen Akzent des Triumphzeichens beilegen. In diesen Zusammenhang fügt sich auch der Charakter der Triumph- und Kaisersäule, der unserer Säule durch ihre Vorbilder innewohnt. Bemerkenswert ist, daß diese Bezugnahme nicht auf einem freien Einfall Bernwards oder seiner Baumeister beruht.

Wir wissen nämlich auch von einer Kaisersäule[56], die in Jerusalem stand und die man mit der Golgotastätte in Verbindung brachte. Die Jerusalemer Säule war in der Zeit der römischen Militärkolonie Aelia Capitolina innerhalb der Stadtmauer am Stephanstor errichtet worden, an der nördlichen Hauptausfahrt. In christlicher Zeit wurde auf ihr die Statue des Kaisers – wohl Hadrians als des Gründers von Aelia Capitolina – durch ein Kreuz ersetzt. Diese Säule diente auch als Meilenmarke, von der aus man die Straßenstrecken maß (nach dem Muster des „milliarium aureum" des Augustus auf dem Forum Romanum). Die Legende sprach dieser Säule eine Eigenschaft zu, die dem mythischen Erdmittelpunkt zukommt: zur Zeit der Sommersonnenwende, so hieß es, warf sie keinen Schatten.[57] So trat in Jerusalem die Kaiser-Kreuz-Säule am Nordtor als kartographisches Zentrum neben die biblischen Stätten, an denen man den religiösen Erdmittelpunkt lokalisierte: den alttestamentlichen Tempelvorhof und das neutestamentliche Golgota.

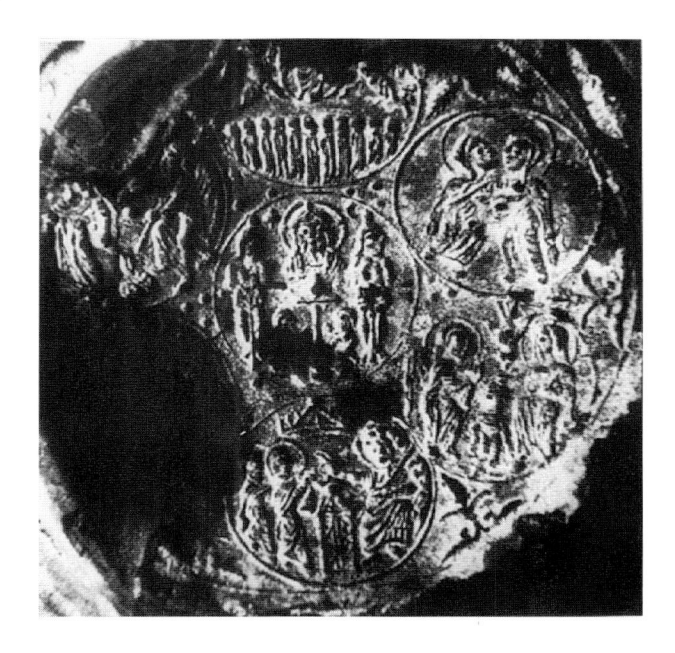

Ölampulle vom Heiligen Grab (6. Jh.). Die Form des Golgota-Kreuzes verweist auf die Kaiser-Kreuz-Säule am benachbarten Nordtor. Über dem Heiligen Grab eine Leuchterkrone.

56 Adamnanus. De locis sanctis 1,11; Beda. Liber de locis sanctis; Antonius Plac. 25 (CSEL 39, 176; 239–240; 305). P. Verdier. La colonne de Colonia Aelia Capitolina et l' imago clipeata du Christ Hélios. In: Cahiers Archéologiques 23. 1974. S. 21; Kühnel (wie Anm. 52) S. 92–98. Abb. 11–14; 28.

57 Der Schatten fehlte auch im heiligen Bezirk des arkadischen Lykaon (Pausanias 8,37,7; vgl. W. Burkert. Homo necans. Berlin, New York 1972. S. 98), der mit seinem Zeusaltar und zwei davorstehenden Säulen dem salomonischen Priestervorhof verwandt erscheint. Der legendäre Zug der Schattenlosigkeit könnte also schon für den Tempelvorhof gegolten haben und erst nachträglich auf die römische Meilensäule übertragen worden sein.

Durch das aufgesetzte Kreuz gewann die Säule zudem eine besondere Verwandtschaft mit dem Golgota, so daß auf manchen Darstellungen (etwa auf Pilgerampullen) diese beiden benachbarten Kreuzstätten geradezu in einem einzigen Bild zusammengezogen sind.

Die Zusammenstellung der Kreuzigungsstätte Christi mit einer kreuztragenden Kaisersäule liegt also schon in der Jerusalemer Tradition selbst begründet. Bernward geht über diese Tradition allerdings dadurch hinaus, daß er mit dem Reliefband zugleich auch an die beiden berühmten Kaisersäulen der Stadt Rom erinnert.[58] Auf diese Weise vollzieht er die ideelle Zusammenschau der beiden Weltzentren Jerusalem und Rom, die auch für die Gedankenwelt Ottos III. kennzeichnend war.

Römische Reminiszenzen

Weitere Spuren dieser Vorstellung von der sakralen Erneuerung des römischen Kaisertums lassen sich auch in den beiden Marienbildern des „Kostbaren Evangeliars" auffinden. Dieses Evangelienbuch, das Bernward dem heiligen Michael und der Gottesmutter gleichermaßen widmete, ist jedenfalls für das Michaeliskloster und dort wahrscheinlich für den Marienaltar bestimmt gewesen. Somit können wir die Bebilderung dieses Buches der Ikonographie dieses zweiten liturgischen Zentrums der Kirche zuweisen, das in der Krypta an der dem Patriarchenaltar der Grabeskirche und dem vergoldeten Räucheraltar des Tempelheiligtums entsprechenden Stelle angelegt war.

Auffällig am „Kostbaren Evangeliar" ist zunächst die Ritzzeichnung im silbernen Rückdeckel, auf der die stehende Gottesmutter mit dem Kind dargestellt ist. In ihrer Haltung entspricht Maria hier dem byzantinischen Typ der „Hodegetria" (Weggeleiterin), und die Beischrift „Mutter Gottes" in griechischer Sprache zeigt vollends, daß hier ein östliches Marienbild kopiert wurde (zum östlichen Kunstkreis zählte damals auch Italien).

Neu und geradezu einzigartig ist aber ein Detail: der Palmzweig in der Linken der Gottesmutter. Neben zwei englischen Beispielen (die einige Jahrzehnte vorher entstanden und hier nicht außerhalb stehen, da sie aus dem Umkreis des mit den Ottonen eng verwandten Königshauses kommen) trägt Maria den Palmzweig nur noch bei Bernward selbst: auf der Verkündigungsszene der Bronzetür. Dies allein spricht schon dafür, daß dieses Motiv für ihn von eigener Bedeutsamkeit war.

Literarisch war die Palme bei Maria nur in der Legende ihres Todes bekannt, in der Gabriel ihr einen Palmzweig als Ankündigung ihrer nahen Aufnahme in das Paradies überreicht. An einer bisher unbeachteten Textstelle aber ist in der Tat die Palme der Gottesmutter selbst in die Hand gegeben, und zwar gerade im Zusammenhang eines liturgischen Brauches, den Otto III. in den Dienst seiner Erneuerungspläne gestellt hatte.

Im Jahre 1000 nahm Otto – viereinhalb Monate vor der Ankunft Bernwards – an der großen Prozession teil, welche die Römer alljährlich am Vorabend des Himmelfahrtsfestes Mariens am 15. August veranstalteten (die Prozession ist schon unter Leo IV. belegt, sie

---

[58] Von Versuchen einer späteren Zeit, die Säulen des Trajan und des Mark Aurel nach dem Vorbild der salomonischen Bronzesäulen nebeneinander aufzustellen, berichtet M. Kiene (L'image du Dieu vivant. Ztschr. f. Kunstgesch. 54. 1991. S. 230–248:240)

*„Kostbares Evangeliar" Bernwards:
Rückdeckel mit Maria und Kind*

wurde später durch Pius V. abgeschafft). Wir besitzen einen Hymnus[59] zu dieser Prozession, der für den Anlaß der kaiserlichen Teilnahme verfaßt oder zumindest dafür überarbeitet wurde. In Zwiesprache mit Roma, der allegorischen Verkörperung der Hauptstadt, preist der Hymnendichter in der Art der lateinischen Klassiker die fackelerleuchtete Pracht dieser Prozession als einen wahren Triumphzug, der die heidnischen Triumphe, welche die Stadt einst zu sehen bekommen hatte, weit hinter sich lasse. Der Hymnus mündet aus in eine Fürbitte für das römische Volk und den anwesenden Kaiser, wobei die Palme der Gottesmutter als Zeichen ihrer Huld für Otto erscheint:

Sancte dei genetrix, Romanorum respice plebem
Ottonique fave, sancta Dei genetrix:
Tercius Otto tuae nixus solamine palmae
Presto sit veniae tercius Otto tuae.
(Heilige Mutter des Herrn, blick nieder aufs Volk deiner Römer,
schenke auch Otto Huld, heilige Mutter des Herrn!
Otto der dritte vor dir, gestützt auf den Trost deiner Palme,
Deiner Gnade sei nah Otto der dritte vor dir).

Die Palme ist das Zeichen des Sieges, und so läßt sich die Palme der Gottesmutter theologisch aus dem Sieg der Menschheit über Tod und Sünde erklären, der durch die göttliche Annahme der Menschennatur in Marias Leib errungen wurde.

Hier steht die Palme aber vordergründig für die Siegesherrschaft der Gottesmutter, von der Otto seine eigene politische Herrschaft ableitet. Wir dürfen den Versen sogar handfest entnehmen, daß der Kaiser sich während der Prozession auf einen Palmzweig stützte, den er von der – sicherlich durch ein Bild vertretenen – Gottesmutter erhalten hatte. Der Palmzweig gewinnt hier also die konkrete Funktion eines Herrschaftsabzeichens.

Betrachten wir Ursprung und Ablauf dieses Festes nun etwas näher, so erkennen wir, daß Otto damals keineswegs aus Zufall daran teilnahm, sondern daß er hier die Gelegenheit wahrnahm, sich als Nachfolger der großen römischen Herrscher zu präsentieren. Bei der römischen Assumpta-Prozession war die gesamte Stadt mit ihren Korporationen aufgeboten. Sie ging unter Führung des Stadtpräfekten und der 12 städtischen Regionsvorsteher[60] vom Lateran aus und führte von dort die in der Kapelle „Sancta Sanctorum" aufbewahrte, „Acheiropoïta" (d.h. „nicht von Menschenhand gemachte") genannte, altehrwürdige Christusikone mit sich. Der Zug hielt zunächst an der – am Zugang des Forum Romanum vom Esquilin her gelegenen – Kirche Sa. Maria Nuova, vor der die Christusikone und daneben ein Bild der Gottesmutter auf Throne gesetzt wurden. Der Zug bewegte sich dann weiter durch das ganze Forum über die Via Sacra (die damals möglicherweise auf einem Umweg über das Trajansforum, also auch an der Trajanssäule vorbei führte) zur Kirche S. Adriano, vor der sich der alte Platz der Volksversammlungen befand. Von dort führte der Prozessionsweg hinauf zur Basilika Sa. Maria Maggiore, um schließlich wieder am Lateranpalast zu enden. Diese Zeremonie zur Himmelfahrt

Victoria Romana der Senatskurie auf dem Forum Romanum (Kopie aus Calvatone)

---

[59] MGH Poetae latini V. S. 465–468 (V.59–62). Zur römischen Assumptaprozession vgl. Schramm. Kaiser, Rom und Renovatio. S. 150–155; E. Kitzinger, A virgin's face, in: Art Bulletin 62. 1980. S. 6–19; G. Wolf, Salus populi Romani. Weinheim 1990. S. 37–59. Im folgenden stütze ich mich auf Beobachtungen, die ich bereits in einem Vortrag (15. 5. 1991 in Bad Gandersheim und 10. 2. 1992 in Hildesheim) ausgeführt habe. Der Vortragstext wird veröffentlicht in: Byzanz und der Westen im 10. und 11. Jh. Hrg. E. Konstantinou.

[60] Die Schilderung des Totengeleites der Gottesmutter durch die Apostel bei Johannes von Damaskos (In Dorm. B. Mariae V. 12. PG 96. S. 740) scheint nach dem Muster eines solchen Zuges unter Führung des Collegiums der duodecimviri urbis Romae (vgl. K. Latte. Röm. Religionsgeschichte. S. 312) gestaltet.

Mariens war in Rom an die Stelle der „feriae Augusti" getreten, der Feierlichkeiten, mit denen früher an demselben Datum, dem 15. August, die Person des Augustus als Vergöttlichung der kaiserlichen Macht geehrt worden war.[61] Schon die Via Sacra als die Straße der antiken Aufzüge deutet ja auf ein heidnisches Vorbild dieser Prozession. Die Teilnahme der hohen Stadtmagistrate – in diesem Jahr auch die des Kaisers – und die Thronsetzung der Bilder[62] zeigen weiter, daß diese Begehung der Himmelfahrt Mariens das Zeremonial des heidnischen Festes in vielem bewahrt hatte (und vielleicht damals den antiquarischen Bestrebungen der ottonischen Renaissance gemäß noch mit weiteren antiken Elementen angereichert wurde). Nicht zuletzt weist die im Hymnus erwähnte Palme auf das alte Kaiserfest zurück.

Der Ursprung der „feriae Augusti" liegt nämlich im großen Triumphzug, mit dem Oktavian (der spätere Kaiser Augustus) am 15. August des Jahres 29 v. Chr. seinen Sieg über Marcus Antonius und Kleopatra bei Actium feierte, den Sieg, der ihm die Prinzipatsherrschaft über das gesamte Reich garantierte. An diesem Jahresdatum eines älteren, volkstümlichen Erntedank- und Brunnenfestes wurde dann das Gedächtnis dieses Triumphes alljährlich (auch heute noch als „ferragosto") gefeiert. Ein typisches Merkmal des römischen Triumphzuges kehrt auch in den entzündeten Fackeln der Assumpta-Prozession wieder. Der Palmzweig war nun gerade das Abzeichen des siegreichen Imperators im Triumphzug, das noch im 11. Jahrhundert bekannt war. Der Verfasser des „Libellus de ceremoniis", einer Sammlung der Überlieferung antiken Kaiserbrauchtums im Dienste des Renovatio-Gedankens, weiß: „Wenn der Imperator im Kampf gesiegt hat, ist er mit einem goldenen Palmenkranz zu bekrönen, weil die Palme (im Gegensatz zum friedlichen Lorbeer) Stacheln hat. Deshalb trägt er auch einen Palmzweig in der Hand als Abzeichen des Sieges".[63]

Otto gab sich hier also als der Nachfahre des Triumphators Augustus. An das Vorbild des Augustus hatte er sich auch schon kurz vorher gehalten, als er im selben Jahr das Grab Karls des Großen öffnen ließ: hatte doch einst Oktavian auch das Grab des Weltherrschers Alexander im ägyptischen Alexandria öffnen lassen. Aber nicht nur der palmzweigtragende Kaiser, auch die Gottesmutter selbst hat als die palmenverleihende himmlische Frau, als die sie im Hymnus erscheint, ein Vorbild im augusteischen Triumphzug. Noch innerhalb seiner Siegesfeierlichkeiten, am 28. August des Jahres 29 v. Chr. vollendete Oktavian den Bau der julischen Kurie und stattete ihn mit einem Altar und einer Statue der „Victoria Romana" aus. Diese „Siegesgöttin Roms" trug in der Rechten einen Kranz, in der Linken aber einen großen Palmzweig.

Die „Victoria Romana" verkörperte die Herrschaft über den geeinten Erdkreis. Wir hören davon, daß man ihre Statue bei offiziellen Aufzügen vorantrug, und wir können annehmen, daß sie auch an die Spitze des großen Triumphzuges zu Ehren des Augustus getreten war. Als „Victoria Augusti" wurde diese göttliche Macht, die man in der Person

„Nostra Signora della Vittoria" mit Palmzweig. Um 1700. Valpolcevera bei Genua

61 Cassius Dio 51,20,2; vgl. E. Simon. Augustus. München 1986. S. 86f. Zu einer Selbstidentifizierung Ottos III. mit Augustus: K. Hoffmann, Das Herrscherbild im „Evangeliar Ottos". In: Frühmitt. Studien 7. 1973. S. 324–341; 334.

62 Beim Triumph und beim feierlichen Einzug in eine Stadt ließ sich der Kaiser mitunter auch durch sein Bild, ein wachsgemaltes sogenanntes Lauraton, vertreten (A. Alföldi, wie Anm. 12, S. 70). Mit dem Zeremoniell des kaiserlichen Adventus wurde auch die hochverehrte Christusikone von Edessa in Syrien (ebenfalls eine Acheiropoïta) in Weiß und Purpur gehüllt auf einem Thron getragen. Auch Palmzweige wurden beim Kult dieser Ikone mitgeführt. Als die Ikone von Edessa im Jahr 944 nach Konstantinopel gelangte, wurde sie feierlich auf einen Thron gesetzt und mit einem Fest am 16. August versehen (A. Grabar, L' iconoclasme byzantin. Paris 1957. S. 33; I. Ragusa. Mandylion-Sudarium. In: Arte medievale II, V,2. 1991. S.97–106; A. Wenger. L'Assomption de la très sainte Vièrge dans la tradition byzantine. Paris 1955. Archives de l'Orient 5).

63 Die Tradition wirkte auch auf den Krönungsmantel Rogers II. von Sizilien (1130), der später von den Staufern verwendet wurde. Dieser Mantel trägt auf dem Rücken eine große Palme und gibt sich damit als „Toga palmata", das palmengeschmückte Gewand des Triumphators zu erkennen, von dem der „Libellus" in diesem Zusammenhang ebenfalls spricht.

Links: Rom, Sa. Maria Nuova. Gnadenbild.

Rechts: „Maria imperatrix". Rom, Sa. Maria Antiqua, Apsiswandmalerei, 6. Jh. (Rekonstruktion)

des Kaisers offenbart glaubte, auch von den Nachfolgern des Augustus auf eine Art geehrt, daß man geradezu von einer „Theologie der Victoria" gesprochen hat.

Dabei wurde die Victoria auch mit der „Venus genetrix"[64] gleichgesetzt, der „Mutter Venus" als der Urahnin des julischen Hauses und Stammutter des römischen Volkes (eine alte orientalische Vorstellung von einer kriegerischen, stadtschützenden Liebesgöttin scheint hier noch durch.[65])

Der mütterlichen „Venus genetrix" war in Gemeinschaft mit der Stadtgöttin Roma der Staatstempel geweiht gewesen, an dessen Stelle – gerade gegenüber dem großen Kaiserpalast – später die Kirche Sa. Maria Nuova errichtet wurde, auf deren Stufen man dann bei der großen Marienprozession die Bilder der Gottesmutter und ihres göttlichen Sohnes auf Throne setzte. (Die Maxentiusbasilika, in der Konstantin sein Standbild mit der Kreuzlanze hatte errichten lassen, befindet sich gerade nebenan.)

Die Kirche S. Adriano, in der die Assumptaprozession ihre nächste Station hatte, befand sich im Gebäude der früheren Curia Julia, in der einst die Senatoren vor jedem Ratsbeschluß vor dem palmentragenden Bild der „Victoria Romana" geopfert hatten.

Dem Hymnus können wir entnehmen, daß am Festzug zum 15. August des Jahres 1001 nicht allein der Kaiser einen Palmzweig in der Hand trug, sondern daß auch ein palmzweigtragendes Marienbild dabei ein liturgische Rolle spielte. Auf die Mutter Christi übertrug sich dabei die Funktion zweier heidnischer Gottheiten: der „Venus genetrix" als der Stammutter der Römer (der Versanfang „Sancta Dei genetrix" erinnert an die Lukrezische Anrufung der Venus als Stammutter des römischen Volks „Aeneadum genetrix") und der „Victoria Romana" als dem Symbol der römischen Weltherrschaft.

Dieser Siegesaspekt der Gottesmutter hat sich in Italien an mehreren Orten erhalten, wo man nach einer militärischen Rettung der Stadt einen Kult der „Vergine della Vittoria" oder „Madonna della Vittoria" einrichtete: In Bologna nach einem Sieg über die Visconti 1443, in Genua (in der Kirche S. Giovanni il Vecchio) durch die Johanniter nach der Befreiung der Insel Rhodos 1480 und auf einer Anhöhe der genuesischen Valpolcevera nach einem Sieg über die Savojer 1625. Die Statue der „Madonna della Vittoria" von Valpolcevera aus dem 17. Jahrhundert trägt einen – echten – Palmzweig in der Linken.[66]

Das Marienbild der römischen Assumptaprozession können wir vielleicht mit der Ikone (aus dem 5. Jahrhundert) gleichsetzen, die noch heute im Hochaltar von Sa. Maria Nuova zu sehen ist. Sie vertritt gerade den seltenen byzantinischen Typus, den auch der Rückdeckel unseres „Kostbaren Evangeliars" vorweist: die Gottesmutter trägt das Kind in ihrem rechten Arm (sogen. „Dexiokratusa") anstatt in der Linken, wie sonst für das Bild der „Hodegetria" üblich. Die Silberbeschläge, die früher an der Ikone von Sa. Maria Nuova angebracht waren, sind verloren gegangen; Maria kann dort also auch gut in der Linken eine Palme getragen haben. Wenn diese Ikone nicht sogar selbst das Marienbild war, das dort auf den Thron gesetzt wurde, so ist es zumindest wahrscheinlich, daß es dieser ähn-

[64] Auch Venus Victrix trägt die Palme in der Hand (z.B. Bronzemünze der Julia Domna. Cohen III, 352. Taf. 9 N 191; Baumeister. Denkmäler. Abb. 1717). Ein Band zwischen Victoria und Maria besteht auch in der Eigenschaft der „Jungfrau", als die Victoria seit alters auf dem Palatin (Livius 35,9; vgl. Prudentius, Contra Symmachum 2, 13) verehrt wurde. Im Osten wurde das Sternbild der Jungfrau mit der Fruchtbarkeit gleichgesetzt (Erntemonat). Als geflügelte „Virgo" galt das Sternbild als Gestalt der himmlischen Gerechtigkeit und als Botin des wiederkehrenden Goldenen Zeitalters (so Vergil. Ecl. 4,6).

[65] Heranziehen können wir hier auch die von Apuleius (Met. 11) im 2. Jh. n. Chr. geschilderte Prozession der Isis, wo das Bild der Göttin Sandalen aus „Blättern der Siegespalme" an den Füßen trug und einer der Anführer einen „goldenen Palmzweig" mit sich führte. Isis war das Urbild der ägyptischen Königsmutter und -gattin. Wenn bei diesem Fest der Isis dem Eingeweihten eine Palmkrone als Zeichen des Sonnengottes Helios verliehen wird, gemahnt das an die übliche Helios-Krone des vergöttlichten Kaisers (vgl. Anm. 44). So weist die Isisprozession des Apuleius mehrere Gemeinsamkeiten mit dem Zeremoniell des kaiserlichen Adventus auf, vgl. A. Alföldi, Die alexandrinischen Götter und die Vota Publica am Jahresbeginn. Jb. f. Antike u. Christentum 8/9, 1965/6. S. 53–87, hier bes. Tafel 6,1 u. 8,4. Dort auch archäologische Zeugnisse für die Palme bei der Isis-Prozession.

[66] Nach dem Sieg von 1625 legte der Doge in feierlicher Zeremonie Krone, Szepter und Schlüssel der Stadt Genua vor der Muttergottes im Dom nieder (D. Cambiaso. Il Santuario di Nostra Signora della Vittoria in Val Polcevera. Genova 1925. S. 20ff; A. Colletti. Il Santuario di Nostra Signora della Vittoria. Acqua pendente 1924. S.22). Das Fest der Assumpta hatte im mittelalterlichen Genua eine besondere Rolle gespielt. Eine Tradition der siegverleihenden Gottesmutter gab es auch in Hildesheim. So schrieb Bischof Gerhard vom Berge seinen Sieg über die Braunschweiger (1367) dem mitgeführten Marienreliquiar des Domes zu.

lich gewesen ist. Jedenfalls beweist aber auch schon allein die Besonderheit des Palmzweiges, daß das silberne Marienbild am „Kostbaren Evangeliar" sein Vorbild in der großen römischen Marienprozession hatte, in der Otto III. im Jahr 1000 seinen Herrschaftsanspruch auf die Siegespalme der Gottesmutter stützte.

Eine solche himmlische Legitimierung des irdischen Herrschers von der Gottesmutter her liegt auch im doppelseitigen Widmungsbild des „Kostbaren Evangeliars" vor, das rechts die thronende Maria zeigt, die sich von zwei Engeln krönen läßt. Maria auf dem Thron mit den Engelsfürsten Michael und Gabriel als Thronassistenten entspricht dem griechischen Ikonentypus der „Nikopoia", der „Siegbringerin". Die Krone der Gottesmutter ist dabei eine Besonderheit, die uns ein zweites Mal auf den Prozessionsweg des römischen Marienfestes führt: in römischen Darstellungen nämlich gibt sich die „Siegbringerin" mitunter als „Maria imperatrix" („Maria Kaiserin"), nämlich im vollen Kronornat der Kaiserin.[67]

67 Vgl. U. Nilgen. Maria Regina – ein politischer Kulttyp? In: Röm. Jb. f. Kunstgesch. 19. 1981. S. 1–33.

Das Urbild dieser „Maria imperatrix" aber war das (438 geschaffene) Wandgemälde in der Apsis von Sa. Maria Antica, der Kapelle des Kaiserpalastes am Palatin (in dessen Mauern Otto III. seine Pfalz errichtete). Das Pfarrecht dieser (damals schon verfallenen) ältesten Marienkirche der Stadt war aber in der Zeit der Jahrtausendwende längst auf die nahegelegene Kirche Sa. Maria Nuova übergegangen. Wir können also die Bebilderung der Vorgängerkirche in weiterem Sinn zur Ikonographie von Sa. Maria Nuova zählen, vor der die Bilder Christi und seiner Mutter auf Throne gesetzt wurden. Wahrscheinlich ist eine Station der Prozession früher auch an der alten Palastkapelle gewesen, wo wohl der Kaiser selbst in Erscheinung getreten ist.

Bernwards Widmungsbild steht auf alle Fälle in einem Bezug zum Himmelfahrtsfest Mariens. Die Verse, die dort geschrieben sind, kommen beinahe wörtlich aus dem morgendlichen Stundengebet des 15. August:

Die Paradiespforte, wegen der Stammutter Eva einst geschlossen, steht nun uns allen durch die heilige Maria wieder offen.

Auch die Vorstellung von Maria als der Neuen Eva stammt aus der Theologie ihrer Himmelfahrt. Von der Liturgie dieses Festes her ist aber vor allem das besondere Motiv zu erklären, das Bernward hier dem gewohnten Bildtypus hinzufügt. Während die „Maria imperatrix" nämlich sonst als Kaiserin zwischen ihren beiden Leibwächtern thront, sind diese hier dabei, ihr die Krone erst aufs Haupt zu setzen: ein Thema, das später in den gotischen Darstellungen der Marienkrönung eine beliebte Fortführung fand, in dieser Form (als Variante der „Siegbringerin") aber ganz einzigartig ist. Die Anregung selbst kommt aus einem der Hoheliedverse, die schon seit alters in der Liturgie des Assumptafestes auf die Gottesmutter als Braut Christi angewandt wurden (4,8):

Komm herab vom Libanon, meine Braut, und du wirst die Krone empfangen.

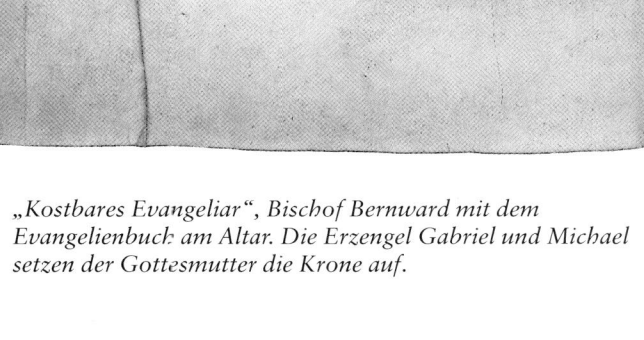

„Kostbares Evangeliar", Bischof Bernward mit dem
Evangelienbuch am Altar. Die Erzengel Gabriel und Michael
setzen der Gottesmutter die Krone auf.

Links: Otto III. (oder Heinrich II.) wird von den Apostelfürsten zum Kaiser gekrönt, Bamberger Apokalypse.

Rechts: Maria krönt Otto III. Sakramentar des Bischofs Warmund von Ivrea (um 1000)

Ist schon das Bildthema einmalig, daß die beiden Engel der thronenden Maria die Krone aufsetzen, so ist es um so bemerkenswerter, daß auch die Art und Weise, wie diese Krönung vollzogen wird, zeitgenössischen Bildern genau entspricht, in denen die Krönung des Kaisers dargestellt ist.⁶⁸

Mit derselben Geste, mit der die Engelsfürsten nun die Gottesmutter krönen, setzen auf dem Widmungsbild der Bamberger Apokalypse (eine Reichenauer Bilderhandschrift derselben Zeit) die beiden Apostelfürsten Petrus und Paulus dem kaiserlichen Stifter – Otto III. oder schon Heinrich II. – die Krone auf.

(Der Kampf der Tugenden gegen die Laster, der dort auf der gegenüberliegenden Bildseite zu sehen ist, erinnert uns daran, daß auf Bernwards Bronzesäule die tanzende Salome mit der Illustration des prudentianischen „Seelenkampfes" verwandt ist.)

Genau den gleichen Krönungsgestus finden wir auf dem – ebenfalls etwa gleichzeitigen – Aachener Goldantependium bei den Kriegsknechten der Dornenkrönung Christi. Gerade im Angesicht dieses Antependiums, vor dem Marienaltar der Aachener Pfalzkapelle, empfingen die deutschen Könige ihre Krönung. Dem Gekrönten mußte dort im Anblick dieser Dornenkrönung das Vorbild des leidenden Christus für sein eigenes Herrschertum augenfällig werden – eine Vorbildlichkeit, die wir auch im Grundkonzept der Hildesheimer Christussäule kennengelernt haben.

In den beiden Marienbildern des „Kostbaren Evangeliars" soll das irdische Kaisertum als Ausfluß der Himmelherrschaft der Gottesmutter begriffen werden: dafür steht ihr Palmzweig und ihre Krönung durch die Engel, die nach dem üblichen Kaiserritual erfolgt.

Die Bedeutung dieser Bilder für den Erneuerungsgedanken Ottos III. ersehen wir an einer Miniatur des um das Jahr 1000 geschaffenen Sakramentars Warmunds, des Bischofs von Ivrea, der in Italien Ottos Partei in besonderer Weise stützte. Dort setzt auf einer Illustration des Krönungsformulars die Gottesmutter mit eigener Hand Otto III. die Krone aufs Haupt. Auf diese Weise leitet der König seine Herrschaft – über alle apostolischen Nachfolger hinweg – unmittelbar von der „ehrwürdigen Kaiserin der Engel" („Augusta angelorum imperatrix", wie Ottos Freund Brun v. Querfurt die Gottesmutter nennt) ab.

In der Tat zeigt sich auch auf der Bronzesäule Bernwards ein Reflex desselben Königszeremonials. Die Gruppe Jesu und der beiden Knechte an der Stirnseite des Kapitells ähnelt nämlich der Salbungsgruppe auf der großen Salomominiatur der Bibel Karls des Kahlen (Reims, um 870), wo der zu Salbende in der gleichen Haltung zwischen zwei Zelebranten steht. In dieser karolingischen Salbungsdarstellung hat E. Kantorowicz⁶⁹ wiederum die gleiche typische Zeremonie finden wollen, die sich auch aus dem Kaiserbild der Bamberger Apokalypse erschließen läßt: nur daß der neue Herrscher die Salbung im Stehen empfängt. Wenn der Säulenkünstler durch eine ähnliche Anordnung die Verurteilung Jesu als messianische Königssalbung interpretieren wollte, stünde dies ganz im Einklang mit seinem sonstigen Bildkonzept.

Salbung Salomos. Bibel Karls des Kahlen. Reimser Schule. (Rom, S. Paolo). Um 870.

68 P. E. Schramm. Die deutschen Kaiser und Könige in Bildern ihrer Zeit. Hrsg. F. Mütherich. München 1983. S. 88
69 E. K. Kantorowicz. The Carolingian King in the bible of San Paolo. In: Selected studies. Locust Valley 1965. S. 92 f. Beachtung verdient der Arkadenhintergrund (Tempel?), welcher der Architektur des bernwardinischen Widmungsbildes ähnelt.

Schlußbetrachtung

Wir konnten sehen, wie der ganze Baugedanke der Michaeliskirche vom zentralen Zeichen Christi bestimmt ist: dem Kreuz.

Dabei weist dieses große Symbol hier immer wieder seine besondere Bedeutung als Siegeszeichen Christi auf. Dieser spezielle Akzent wird vor allem im Bronzekruzifix spürbar, das Bernward auf der großen Säule im Mittelpunkt der Kirche aufstellen ließ. Auf dieser Säule stehend, die nach dem Vorbild der römischen Triumphsäule gearbeitet ist, mußte das Kreuz vor allem als Sieges- und Triumphzeichen erscheinen. Im Zusammenhang mit dem Zitat des römischen Kaisermonuments erinnert das Säulenkreuz dabei insbesondere an die Funktion des kaiserlichen Herrschaftszeichens, die das Kreuz Christi durch Kaiser Konstantin bekommen hatte. Daß dabei die Herrschaft des Kaisers im Symbol mit dem Triumph Christi verbunden erscheint, ist aus der mittelalterlichen (letztlich den heidnischen Kaiserkult fortsetzenden) Überzeugung verständlich, die in der irdischen Herrschermacht ein Abbild der Weltherrschaft Christi sah.

Bereits die Kreuzreliquie, die am Anfang der Michaelisstiftung steht, ist als Geschenk Kaiser Ottos III. mit der speziellen Kaisersymbolik des Kreuzkultes verknüpft. Und es ist schwerlich Zufall, daß die erste Kultstätte dieser Stiftung, die Kreuzkapelle, gerade am 10. September 996 geweiht wurde, am Kreuzerhöhungsfest des Jahres, in dem dreieinhalb Monate zuvor, am Himmelfahrtstag, Otto in Rom zum Kaiser gekrönt worden war.[70] Bedenken wir dazu die zahlreichen baulichen Anspielungen auf die Jerusalemer Grabeskirche, so erkennen wir insbesondere eine Parallele zu Kaiser Konstantin, der kurz nach der Feier seiner 30jährigen Herrschaft die Grabeskirche – ebenfalls dem Erlöser und ebenfalls zum Termin des späteren Kreuzerhöhungsfestes – weihen ließ und mit Geschenken ausstattete (Eusebius, Vita C. 4,44). In beiden Fällen hatte der Kirchenbau offensichtlich auch als Herrschermonument zu dienen. In der ganzen Michaelisstiftung lassen sich immer wieder Reflexe der Freundschaft entdecken, in der Bernward mit Kaiser Otto III. – zuerst als Erzieher – verbunden gewesen ist.

Vor allem sehen wir einen solchen Reflex in der Anlage des Kreuzaltars, auf dem die Kreuzreliquie des Kaisers verehrt wurde und hinter dem die große Bronzesäule aufgestellt war. Der Kanakrug und die Marmorsäule, die hier Verwendung fanden und schon als antike Spolien auf das römische Reich verweisen, gelten als Geschenke Ottos an Bernward. Als ganzes aber deutet diese Anlage auf das Golgota der Jerusalemer Grabeskirche, wo in ähnlicher Weise ein großes Votivkreuz über einem Altar und unter einem großen Radleuchter stand. Daß der Altar zwischen zwei Säulen aufgestellt war, erinnert zudem an den Brandopferaltar des salomonischen Tempels. Damit war auch auf die Krönungsstätte des davidischen Königshauses angespielt, die sich einst an der Stelle zwischen den beiden Bronzesäulen des Tempelvorhofs befunden hatte, und die von den Christen symbolisch nach Golgota verlegt worden war als der Krönungsstätte des Messias, der hier am Weltende als Richter wiederkehren sollte.

[70] Georg Elbers behauptet in seiner Chronik (Hildesheim. Beverina Hs 191. S. 71), Otto habe die Kreuzreliquie anläßlich seiner Kaiserkrönung geschenkt. Elbers vermengt diese Notiz freilich dann mit Thangmars Bericht von Bernwards Romreise im Jahr 1001.

Wegen der Analogie, die man zwischen dem ewigen Königtum Christi und der irdischen Herrschaft des christlichen Kaisers aufstellte, galt diese Stätte in der sibyllinischen Prophetie auch als der apokalyptische Ort, an dem der letzte römische Kaiser seine glücklich errungene Weltherrschaft an Christus, den ewigen Weltherrscher übergeben und damit den Endkampf gegen den Antichrist und die Wiederkunft Christi einleiten sollte.

Die Prophetie vom sakralen Jerusalemer Endkaisertum wurde in den Jahren nach der Jahrtausendwende zusehends populärer, da man zum tausendsten Todesjahr Christi den Anbruch der Endzeit erwartete. Diese Naherwartung hatte sicherlich auch Anteil daran, daß Otto III. die Idee seiner Vorgänger von der „Erneuerung des Römerreiches" wörtlich und konkret in die Tat umzusetzen suchte.

In politischer Hinsicht stand im Mittelpunkt dieses utopischen Weltreiches weniger Jerusalem als vielmehr die alte Kaiserstadt Rom. Auch auf dieses herrscherliche Rom gibt Bernward Hinweise in seiner Michaeliskirche. Mit der Christussäule, die durch ihr Reliefband auf die Säulen der Kaiser Trajan und Mark Aurel zurückweist, zitiert er zwei prominente Kaisermonumente der Stadt Rom. Anderswo läßt sich in der Ikonographie von St. Michael sogar ein spezifischer Reflex der Rompolitik Ottos III. auffinden. Auf dem Rückendeckel des „Kostbaren Evangeliars", das Bernward für seine Michaelisstiftung bestimmt hatte, trägt die Gottesmutter das für sie höchst seltene Attribut der Palme. In einem Hymnus zum römischen Himmelfahrtsfest Mariens des Jahres 1000, an dem Otto III. teilnahm, erscheint die Palme als ein Herrschaftszeichen, das die Gottesmutter dem anwesenden Kaiser überträgt. Im folgenden Januar des Jahres 1001, viereinhalb Monate nach dem Himmelfahrtsfest Mariens, kommt Bernward nach Rom und unterstützt seinen Kaiser und ehemaligen Zögling, der inzwischen von der stadtrömischen Gegenpartei in die Enge getrieben war.

Bernward, der mit der Heiligen Lanze in der Hand dem Kaiser wieder die Herrschaft über die Stadt Rom zurückgibt, erscheint als der Held, der in entscheidender Stunde das Geschick des Reiches, ja des ganzen Erdkreises zum besten lenkt. Daß der Biograph hier die Rolle seines Bischofs hochzustilisieren sucht, liegt auf der Hand. Es erhebt sich aber die Frage, ob auch Bernward selbst in einem solchen Maße von einem politischen Ehrgeiz beseelt war. Entsprechend müssen wir nämlich auch die Symbole der Herrschaft werten, die wir in seiner Stiftung sehen. Die letzte Antwort ist schwer zu geben, auch weil das mittelalterliche Denken von einer Entsprechung himmlischer und irdischer Herrschaft ausgeht. Manches weist aber darauf hin, daß Bernwards Anliegen doch in erster Linie ein spirituelles gewesen ist. Die Gründung des Jahres 996 hängt zwar sicherlich mit dem Datum von Ottos Kaiserkrönung zusammen. Wir müssen aber auch sehen, daß das Kloster selbst erst 20 Jahre nach dem Tod dieses Kaisers geweiht wurde, unter dem Nachfolger Ottos, Heinrich II., für den der Romgedanke eher bedeutungslos war. Allein das Entstehungsdatum verbietet uns also schon, die Ikonographie der Michaeliskirche als einen Ausdruck konkreter politischer Hoffnung zu verstehen.

Es geht hier also wohl nicht darum (wie es etwa bei der Ikonographie von St. Blasius in Braunschweig der Fall sein wird), einen Herrscher von der göttlichen Weltherrschaft her zu legitimieren. Die Absicht scheint vielmehr in der entgegengesetzten Richtung zu verlaufen: die gewohnten Zeichen irdischen Herrschertums sollen dazu dienen, die Größe der ewigen Weltherrschaft Christi in greifbare Bilder zu fassen. So ist der tragende Gedanke im Bildprogramm der Christussäule die königliche Messiasherrschaft, die im Leben Christi zur Offenbarung gelangt. Die irdischen Machthaber, gleich ob weltlicher oder priesterlicher Couleur, zeigen sich dabei stets als diejenigen, die sich diesem Königtum Christi entgegensetzen. Das Königtum Christi hingegen manifestiert sich nie von der Seite der Macht her, sondern von der rettenden Liebe zu den Brüdern und der Bereitschaft zum eigenen Leiden. Im Gegensatz zu seinen Widersachern trägt Jesus die Krone nur dort, wo er selbst in der Niedrigkeit seiner freiwillig angenommenen Knechtsgestalt als hilfloses Kind in der Krippe liegt. Und wenn er in der bekrönenden Plastik als Weltherrscher erhöht erscheint, geschieht dies in seiner tiefsten menschlichen Erniedrigung am Kreuz (vgl. Joh 12,31–36).

Das Friedensreich Christi, das der Biograph Bernwards auf höchst oberflächliche Weise für die Legitimierung der kaiserlichen Machtansprüche anstrengt, ist der biblischen Aussage nach „nicht von dieser Welt" und entfaltet sich auf anderer Ebene, als irdische Herrschergelüste dies tun. Das Bildprogramm der Christussäule allein spricht schon dafür, daß Bernward um diese Wahrheit wußte. In der Schenkungsurkunde für St. Michael, die man auch sein „Testament" genannt hat, erinnert er zwar auch an seine frühen Jahre am Kaiserhof, sein persönliches Ziel aber, in dem seine Überlegungen gipfeln, heißt, „in der Zeit durch Verdienst und Tat immer und von allen verschieden, in der Ewigkeit aber den Engeln gleich" zu sein. Nicht in ein irdisches Staatsgebilde – gleich welcher Art – setzt er sein Heil, sondern in die personale Vervollkommnung zum „Mitbürger der Heiligen und Hausgenossen Gottes" (Eph 2,19), der „zum Berg Zion hintritt, zur Stadt des lebendigen Gottes, dem himmlischen Jerusalem, zu Tausenden von Engeln, zu einer festlichen Versammlung und zur Gemeinschaft der Erstgeborenen, die im Himmel vereint sind, zu Gott dem Richter aller, zu den Geistern der schon vollendeten Gerechten und zu Jesus, dem Mittler des neuen Bundes" (Hebr 12,22–24).

Seinen persönlichen Weg, an der göttlichen Vollendung der Schöpfung dienend mitzuwirken, fand Bernward in der Verwirklichung seiner Michaelisstiftung. In einem augustinischen Sinn interpretiert er damit auch sein gesamtes Kunstschaffen als das Bemühen, tätig in den göttlichen Schöpfungswillen einzudringen und damit die menschliche Ebenbildlichkeit zum Schöpfer zu erneuern.

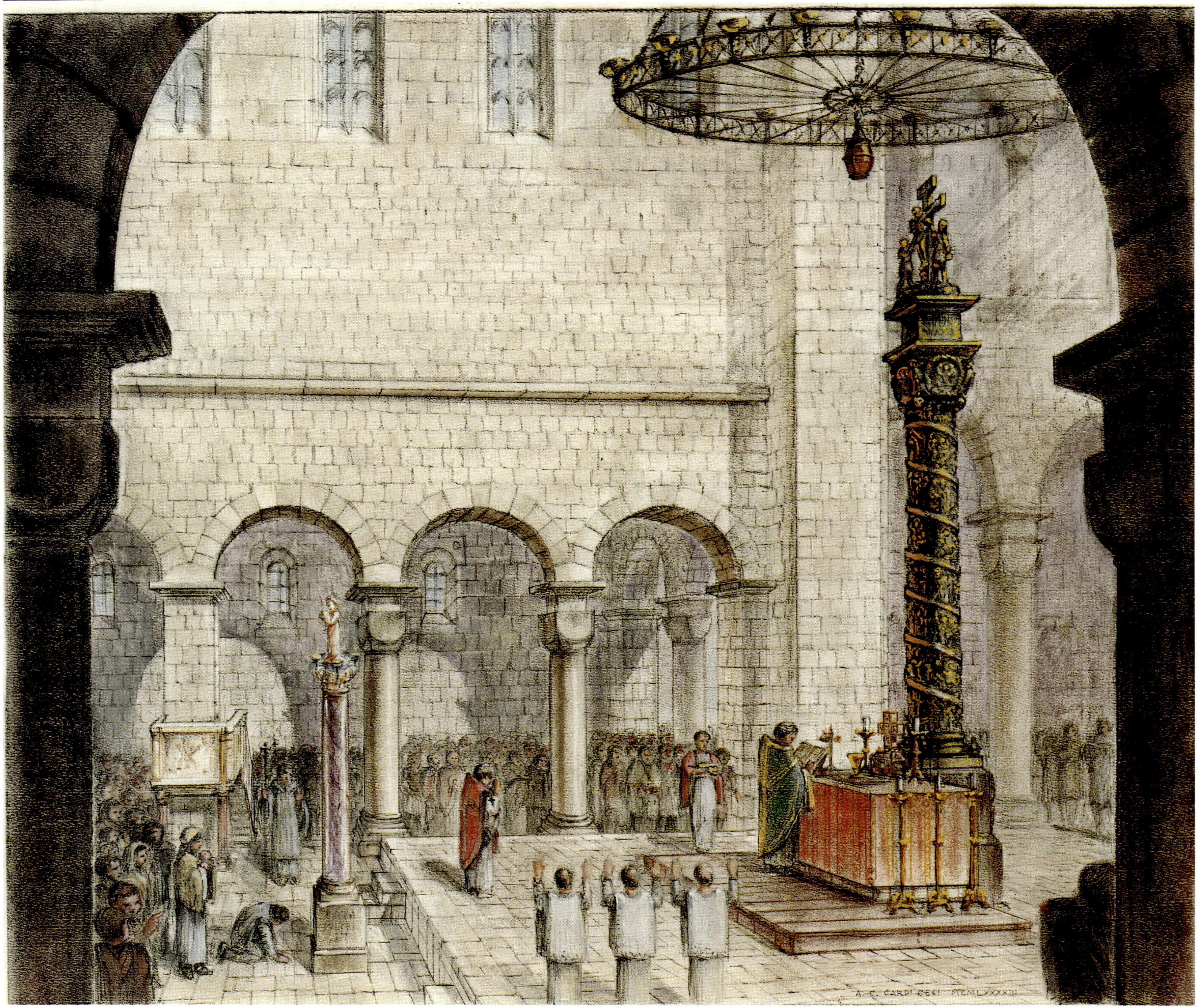
A. C. CARPICECI MCMLXXXIII

Bibliographie

H. J. Adamski. *Das Bildgeschehen der Christussäule Bischof Bernwards.* In: Alt-Hildesheim 56. 1985. S. 3–14

H.J.Adamski. *Die Christussäule im Dom zu Hildesheim.* Hildesheim 1979

St. Beißel. *Die Bilderreihe der Bernwardssäule.* In: Zeitschr. d. Hist.Vereins f. Nds. 1907. S. 81–83

Bernwardinische Kunst. Hrsg. M. Gosebruch und F. N. Steigerwald. Göttingen 1988

A. Bertram. *Geschichte des Bistums Hildesheim.* 3 Bde, Hildesheim 1899-1925.

H. Beseler und H. Roggenkamp. *Die Michaeliskirche in Hildesheim.* Berlin 1954

H. Beumann. *Die Ottonen.* Stuttgart 1987

G. Binding. *Bischof Bernward als Architekt der Michaeliskirche in Hildesheim.* Köln 1987 (Veröffentlichungen der Abt. Architektur des Kunsthist. Inst. der Univ. zu Köln 35)

J. Bötticher. *Chronica abbatum monasterii Sancti Michaelis. Hildesheim. Vor 1745.* Handschrift der Beverina (Dombibliothek) Hildesheim. Hs 297

O. Dibelius. *Die Bilderreihe der Bernwardssäule.* In: Zs. des Hist. Vereins für Niedersachsen 1906, 195–211.

V. H. Elbern, H. Engfer, H. Reuther. *Der Hildesheimer Dom.* Hildesheim 1974 (Die Diözese Hildesheim 41/42. 1973/4)

V. H. Elbern und H.Reuther. *Der Hildesheimer Domschatz.* Hildesheim 1969 (Die Diözese Hildesheim 36. 1968)

U. Faust. *Hildesheim, St.Michael.* In: Die Benediktinerklöster in Niedersachsen, Schleswig-Holstein und Bremen. Bearb. von Ulrich Faust. St. Ottilien 1979. S. 218–252. (Germania Benedictina 6)

B. Gallistl. *Der alchemistische Codex des Bischofs Bernward.* In: Die Diözese Hildesheim 57. 1989. S. 7–16

B. Gallistl. *Die Bronzetüren Bischof Bernwards im Dom zu Hildesheim.* Freiburg i. Br. 1990

B. Gallistl. *Die Tür des Bischofs Bernward und ihr ikonographisches Programm.* In: Le porte di bronzo dalla antichità al secolo XIII. Hrsg. S. Salomi. Roma 1990. (Acta Enzyclopaedica 15) S. 145–181

B. Gallistl. *Die Urgestalt der Hildesheimer Christussäule. Eine liturgiegeschichtliche Studie zur Bernwardstiftung St. Michaelis.* In: Archiv für Liturgiewissenschaft 32. 1990. S. 28–45

H. Goetting. *Die Hildesheimer Bischöfe von 815 bis 1221 (1227).* Berlin, New York 1984. (Germania Sacra, NF 20)

W. Haftmann. *Die Bernwardsäule zu Hildesheim.* In: Zeitschrift für Kunstgeschichte 8. 1939, S. 151–158.

Die Handschriften im Domschatz zu Hildesheim. Beschreibung M. Stähli, hrsg. H. Härtel. Wiesbaden 1984

R. Hespe. *Die Bernwardsäule zu Hildesheim.* Phil. Diss. Bonn 1949 (maschinenschriftlich)

J. M. Kratz. *Der Dom zu Hildesheim, seine Kostbarkeiten, Kunstschätze und sonstigen Merkwürdigkeiten.* Bd 2 und 3 (Bd 1 nicht erschienen). Hildesheim 1840

E. Masuhr. *Bernwardstür und Bernwardsäule in Hildesheim im Wandel deutscher Kunstanschauung. Ein Beitrag zur Wirkungsgeschichte mittelalterlicher Kunst.* Diss. Königsberg (Ostpr.) 1939 (maschinenschriftlich)

K. Mommert. *Die Hl. Grabeskirche zu Jerusalem.* Leipzig 1898

G. Schiller. *Ikonographie der christlichen Kunst.* Bd 1–5. Gütersloh 1981–1991

P. E. Schramm. *Kaiser, Rom und Renovatio.* 1929

I. Sommer. *Das Deckenbild der Michaeliskirche zu Hildesheim.* Hildesheim 1966

W. von den Steinen. *Bernward von Hildesheim über sich selbst.* In: Deutsches Archiv für Erforschung des Mittelalters 12. 1956. S. 331–362.

Thangmar. *Vita Bernwardi episcopi.* Ed. G. H. Pertz. In: Monumenta Germaniae Historica. SS IV. S.754–786 Die Übersetzungen aus der Vita Bernwardi im vorliegenden Buch geschahen in Anlehnung an: Lebensbeschreibungen einiger Bischöfe des 10. – 12. Jahrhunderts. Hrsg. und übers. von Hatto Kallfelz. Darmstadt ²1986. (Freiherr vom Stein-Gedächtnisausgabe. A. 22)

F. J. Tschan. *St. Bernward of Hildesheim.* Bd 1–3. Notre Dame Indiana. 1942–1952

R.Wesenberg. *Bernwardinische Plastik.* Berlin 1955.

E. O. Wiecker. *Die Bernwardssäule zu Hildesheim.* Hildesheim 1874.

J. Wöhrmann. *Zur Ikonographie und Theologie der Christussäule.* In: Alt-Hildesheim 56. 1985. S. 15–22

Häufig zitierte Quellensammlungen

MGH = *Monumenta Germaniae Historica*

PG = *Patrologiae cursus completus. Ed. Migne. Series graeca*

PL = *Patrologiae cursus completus. Ed. Migne. Series latina*

BKV = *Bibliothek der Kirchenväter*

Bildnachweis

Farb- und Schwarzweißtafeln von der Bernwardsäule (S. 40, 47–87): Johannes Scholz, Hildesheim. Alle Aufnahmen werden hier erstmals publiziert. Wir danken der Hohen Domkirche Hildesheim für die Genehmigung der Bildrechte.

Rekonstruktionszeichnungen von Alberto Carpiceci, Rom, nach den Ergebnissen des Verfassers:
Vorsatz: Michaeliskirche um 1022, Aufriß
Frontispiz: Michaeliskirche um 1022, Ostchor
S. 22: Michaeliskirche um 1022, Grundriß des Ostchors
S. 46: Die Bernwardsäule mit dem originalen Aufbau. 3 Varianten. Sepia-Zeichnung
S. 133: Michaeliskirche um 1022, Ostchor, Ansicht von Nordosten

Die übrigen Abbildungen
S. 10: Kirchengemeinde St. Michaelis. Hildesheim
S. 13: A. Zeller, Die Kunstdenkmäler der Provinz Hannover 2,4. Hannover 1911. S. 223
S. 14, 16: H. Beseler und H. Roggenkamp. Die Michaeliskirche zu Hildesheim. Berlin 1954. Taf IV, V; S. 99. Mit freundlicher Genehmigung des Verlages Gebr. Mann, Berlin
S. 17, 18: Geheimes Staatsarchiv Preußischer Kulturbesitz. Abteilung Merseburg
S. 28: Hildesheim. Domschatz
S. 30: Hildesheim. Domschatz
S. 33 rechts: Hildesheim. Domschatz
S. 33 Mitte: Hildesheim. Dombibliothek (Beverina) Hs 298 II S. 41
S. 33 links: H. Cuno. Die Decke der Michaeliskirche zu Hildesheim. Hildesheim 1889. S. 3
S. 34: Heinz Eylers. Hildesheim
S. 39 rechts: A. Fäh. Grundriß der bildenden Kunst. Freiburg i. Br. 1897. S. 185
S. 39 links: Johannes Scholz. Hildesheim
S. 88: Nach A. Bertram. Geschichte des Bistums Hildesheim Bd. 1. Hildesheim 1889. S. 79
S. 91 links: Hildesheim. Dombibliothek (Beverina) Hs 144, f. 111r
S. 98: Institut für Kunstgeschichte. TU Braunschweig
S. 100: Arbeitsstelle zur Erschließung der mittelalterlichen Handschriften in Niedersachsen. Herzog August Bibliothek Wolfenbüttel
S. 101, 103: H. Fleige. Kirchengemeinde St. Godehard. Hildesheim
S. 107: London. British Library. Add. ms 24199, f. 18r
S. 112 links: H. L. Vincent und F. M. Abel. Jérusalem. Paris 1914
S. 112 rechts: Udo Wirries (Hildesheim) nach der Rekonstruktion von C. Schick
S. 118 oben: E. Huber. Bilderatlas zur Bibelkunde. München 1913. S. 92
S. 118 unten: München. Bayerische Staatsbibliothek. Clm. 13002, f. 4v
S. 119: Bobbio. Tesoro del Duomo. Amp. 18
S. 121: Arbeitsstelle zur Erschließung der mittelalterlichen Handschriften in Niedersachsen. Herzog August Bibliothek Wolfenbüttel
S. 122: Antikensammlung Berlin. Fotoarchiv
S. 123: Dr. Pietro Agostino Malerba. Genova
S. 124 links: Parrocchia di Sa. Maria Nuova. Rom
S. 124 rechts: G. Schiller. Ikonographie der christlichen Kunst 4,2, Gütersloh 1980. S. 277
S. 127: Arbeitsstelle zur Erschließung der mittelalterlichen Handschriften in Niedersachsen. Herzog August Bibliothek Wolfenbüttel
S. 128 links: Staatsbibliothek Bamberg. Bibl. 140, f. 59v
S. 128 rechts: Ivrea. Biblioteca Capitolare
S. 129: H. Fillitz. Das Mittelalter 1 (Propyläen Kunstgeschichte 5) Berlin 1969. Abb. 37

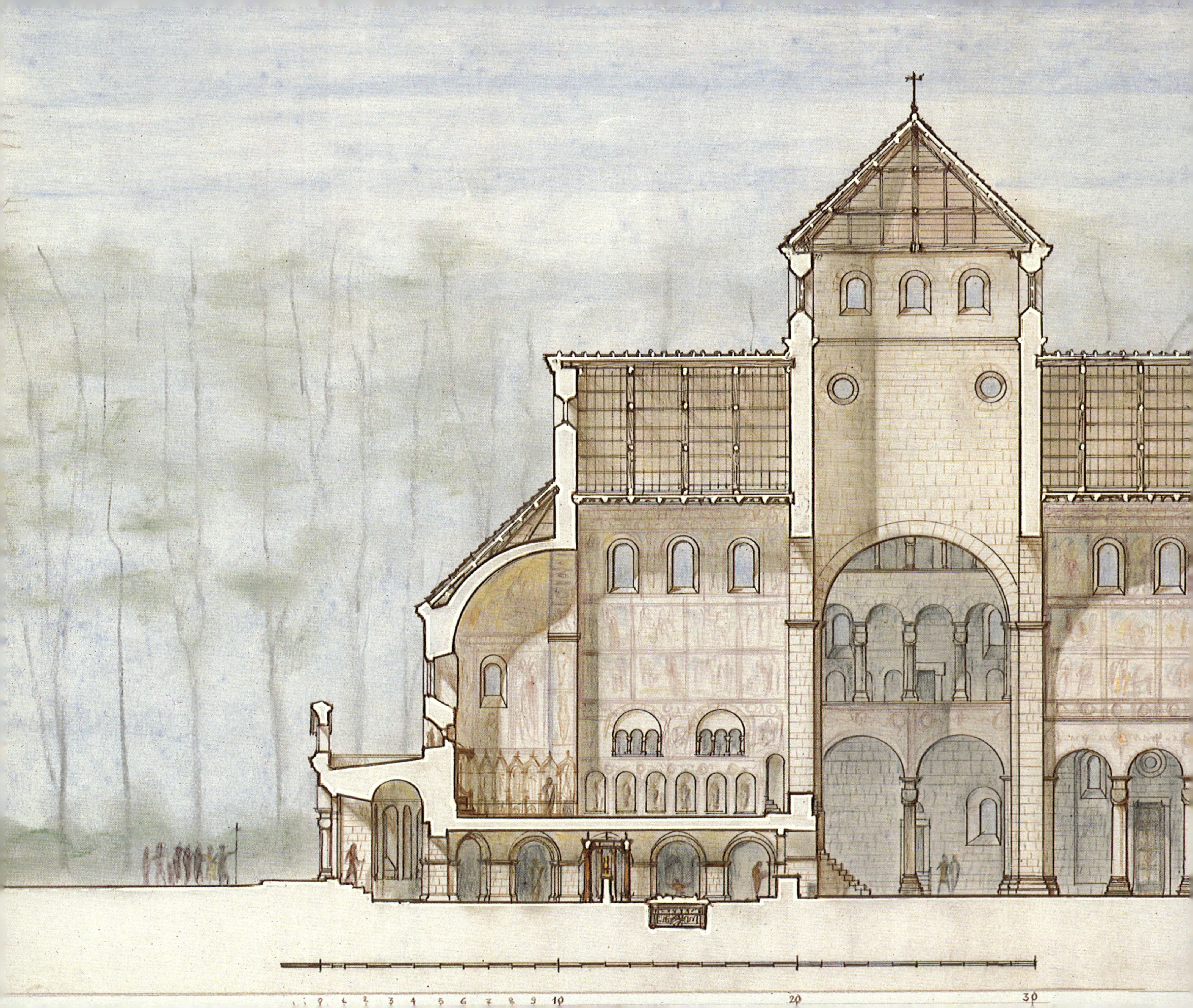
10
20
30